Q&Aでわかる
CSRD/ESRSの実務ガイドブック

あずさ監査法人［編］

中央経済社

© 2025 KPMG AZSA LLC, a limited liability audit corporation incorporated under the Japanese Certified Public Accountants Law and a member firm of the KPMG global organization of independent member firms affiliated with KPMG International Limited, a private English company limited by guarantee. All rights reserved.

ここに記載されている情報はあくまで一般的なものであり，特定の個人や組織が置かれている状況に対応するものではありません。私たちは，的確な情報をタイムリーに提供するよう努めておりますが，情報を受け取られた時点およびそれ以降においての正確さは保証の限りではありません。何らかの行動を取られる場合は，ここにある情報のみを根拠とせず，プロフェッショナルが特定の状況を綿密に調査した上で提案する適切なアドバイスをもとにご判断ください。

はじめに

　今，サステナビリティ情報の開示が大きく変わろうとしている。我が国では，2023年3月から有価証券報告書でサステナビリティ情報の開示が導入された後，2024年3月に金融庁／金融審議会に設置された「サステナビリティ情報の開示と保証のあり方に関するワーキング・グループ」が設置され，サステナビリティ情報の開示と保証の制度化に向けた審議が進められている。これまでの審議を踏まえると，2027年3月以降，有価証券報告書におけるサステナビリティ情報の開示が企業の市場時価総額に応じて段階的に拡充していくことが想定されている。これを踏まえ，大手企業を中心として，サステナビリティ情報の開示の拡充や保証に向けた準備が進められている。

　他方，EUでは，すでに2024年度からEU域内の規制市場に上場している企業に対して広範なサステナビリティ情報の開示が要求されており，2025年度からは非上場の大会社にも開示要求が適用される。これを踏まえ，EU域内に所在する日本企業の子会社の多くで開示対応が必要となるほか，一部の日本企業グループでは2028年度からグループベースでのサステナビリティ情報の開示も必要になることが見込まれている。その際，キーワードとなるのが「CSRD」と「ESRS」である。

　CSRD/ESRSはEUにおける法的文書であるため，日本語で得られる情報に限りがあるほか，多くのEUにおける法令と関連する。このため，これらを読み進めようとしてもなかなか理解が進まないことも多いのではないかと思われる。しかし，その影響を踏まえると，EU域内に拠点を有していたり，同域内の消費者やエンドユーザーにモノやサービスを提供している日本企業グループの経営者やガバナンスに責任を負う者にとって，CSRD/ESRSは「知らない」で済ませることはできないだろう。

　このような認識の下，本書では「理解すべき情報を正しく，かつ，わかりや

すく伝えること」をコンセプトに一問一答のQ&A形式でCSRD/ESRSのポイントを解説している。CSRD/ESRSをめぐる動きには依然として流動的な部分があるが，本書の執筆にあたっては2024年12月末までに得られた情報をベースにしている。

　本書は，あずさ監査法人が2024年3月に発刊した『Q&AでわかるIFRSサステナビリティ開示基準』（中央経済社）と概ね同じ形式にしている。両書が併せて高品質なサステナビリティ情報の開示に向けた一助になれば，望外の喜びである。最後に，本書の執筆にあたっては，中央経済社の末永芳奈様に大変お世話になった。企画段階からご相談に乗っていただき，時宜を得た出版に向けて迅速に進めていただいたことに厚く御礼申し上げる。

　2025年2月

執筆者代表　関口　智和

| 早わかり | CSRD/ESRS |

1 CSRDとは

　2023年1月に，EUで企業のサステナビリティ情報開示の新たな指令となるCSRD（Corporate Sustainability Reporting Directive）が公表されました。CSRDは，EUが目指すサステナブルな経済成長への移行に向けて，既存の非財務情報の報告に関する指令（Non-Financial Reporting Directive：NFRD）を廃止し，それを拡充するものです。

　CSRDでは，NFRDと比較して大幅に適用対象が拡大されています。具体的には，2024年以降，段階的に，EU規制市場に上場する会社（零細会社を除く。）に加え，それ以外の大会社および大会社グループの親会社等に対してサステナビリティ情報の報告が要求されることになっています。また，2028年度以降，一定の要件に該当するEU域外企業グループの親会社に対して連結ベースのサステナビリティ情報の報告が実質的に要求され，一部の日本企業または日本企業グループも影響を受けることが見込まれています。

2 ESRSとは

(1) ESRSの概要

　企業はCSRDに基づきサステナビリティ情報を報告する際，原則として，ESRS（European Sustainability Reporting Standards）に従って報告する必要があります。2023年7月に最終化されたESRSは，2つのトピック横断的な基準と10個のトピック別の基準から構成されています。

　トピック横断的な基準には，ESRS1号「全般的要求事項」およびESRS2号「全般的開示」の2つが該当します。このうち，ESRS1号は，ESRSの構成，基本的な概念およびCSRDに準拠してサステナビリティ情報を作成・表示する際の全般的な要求事項について定めています。また，ESRS2号は，企業が属するセクターや報告するトピックの種類にかかわらず，企業が報告すべきサス

テナビリティ情報に係る開示要求を定めています。

(2) トピック別の基準

　ESRSには**図表1**に示す10個のトピック別の基準が含まれています。このため，ESRSは，IFRS®サステナビリティ開示基準と比べてより広範なトピックについて具体的な報告事項が示されているといわれています。

図表1　　ESRSにおけるトピック別の基準

トピック別の基準（10個の基準）		
● Eの関連（5つの基準） 　E1号「気候変動」 　E2号「汚染」 　E3号「水および海洋資源」 　E4号「生物多様性および生態系」 　E5号「循環型経済」	● Sの関連（4つの基準） 　S1号「自社の労働者」 　S2号「バリューチェーンにおける労働者」 　S3号「影響を受けるコミュニティ」 　S4号「消費者およびエンドユーザー」	● Gの関連（1つの基準） 　G1号「企業行動」

（出所：ESRSに基づきKPMG作成）

(3) 報告領域

　ESRSにおける開示要求は，4つの報告領域，すなわち，①ガバナンス，②戦略，③インパクト，リスクおよび機会（以下「IRO」という。）の管理，④指標および目標により構成されています（**図表2**）。この報告領域は，TCFD提言やIFRSサステナビリティ開示基準と概ね同様ですが，ESRSにおいては，「ダブルマテリアリティ」の考え方を採用しているため，自社にとってのリスクおよび機会だけでなく，環境や人々に対するインパクトに関連する情報についても開示が求められている点が特徴的です。

早わかり　CSRD/ESRS　　v

図表2　ESRSと4つの報告領域

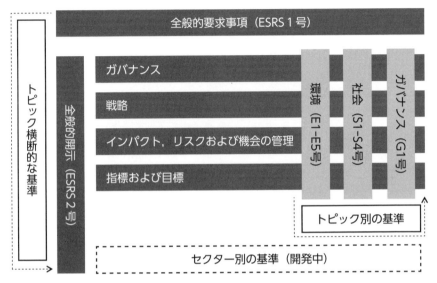

(出所：ESRSに基づきKPMG作成)

(4) サステナビリティ報告の流れ

　ESRSでは，企業に対して，サステナビリティ課題に関して重要性があるIROに関連する情報を開示することが要求されています。CSRD/ESRSに基づくサステナビリティ報告の流れは**図表3**のとおりです。

vi

図表3 CSRD/ESRSに基づくサステナビリティ報告の流れ

【ステップ1】

まず，報告企業（報告主体）を決定します。サステナビリティ報告における報告企業は，財務諸表における報告企業と同一です。

【ステップ2】

次に，ダブルマテリアリティ評価に基づいて報告企業にとって重要性があるIROを識別し，報告対象とすべきサステナビリティ課題を決定します。

【ステップ3】

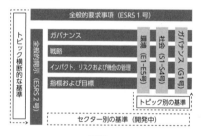

また，報告対象とされたサステナビリティ課題について，ESRSにおける10個のトピック別の基準の定めを踏まえ，開示すべき情報を識別します。

【ステップ4】

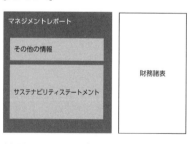

そのうえで，企業は，原則として，サステナビリティステートメントを作成し，マネジメントレポートの一部において，これを開示します。

（出所：ESRSに基づきKPMG作成）

EU法体系において，指令（CSRDを含む。）は，EU加盟国による法制化がされて初めて効力を有する文書です。CSRDは，2024年7月6日を期限として加盟国による国内法制化が義務付けられていますが，執筆日時点（2024年12月末）において，比較的多くの国で国内法制化が完了していません。本書では，各国における法制化の状況やその内容は解説の対象外としていますが，実務上の検討にあたっては関係する国々の法令を十分に理解して進める必要がある点にご留意ください。

目　次

はじめに

早わかり CSRD/ESRS ·· iii

凡例 ··· VI

用語集 ··· X

第1章　CSRD

1－1　概　要 ·· 2

Q1　CSRDとは？ ·· 2

Q2　既存の制度（NFRD）について指摘された課題 ·· 4

Q3　CSRDに関連する法令 ··· 6

1－2　サステナビリティ情報の報告 ··· 9

Q4　適用対象企業・適用時期 ·· 9

Q5　報告すべき事項 ··· 12

Q6　サステナビリティ情報の報告媒体 ·· 15

Q7　サステナビリティ報告基準 ·· 16

1－3　日本企業にとって必要な実務的な対応 ·· 18

Q8　CSRD/ESRSが適用される状況 ·· 18

Q9　EUに「大会社グループの親会社」に該当する子会社がある場合の
　　　対応 ··· 20

Q10　日本企業によるグループレベルでの対応 ·· 24

Ⅱ

第2章 ESRS：全般的な基準

2－1 ESRSの概要 ··· 30
Q11 ESRSとは？ ··· 30
Q12 ESRSの全体像 ··· 33
Q13 トピック別の基準で示されているサステナビリティ課題 ····· 37
Q14 ESRS1号の定め ·· 40
Q15 企業固有の情報の開示 ··· 43
Q16 開示情報が備えるべき質的特性 ······························ 45
Q17 ESRSに基づく開示情報の作成フロー ······················· 48

2－2 マテリアリティ評価 ··· 51
Q18 ダブルマテリアリティ ·· 51
Q19 インパクトマテリアリティの評価 ···························· 54
Q20 財務上のマテリアリティの評価 ······························ 58
Q21 ステークホルダーとの対話 ····································· 61
Q22 デュー・デリジェンスの実施 ································· 64

2－3 開示すべき情報の決定 ·· 66
Q23 開示すべき情報の決定 ·· 66
Q24 開示すべきバリューチェーン情報 ···························· 69
Q25 バリューチェーン情報の収集に関する実務上の課題と対応 ····· 72
Q26 バリューチェーン情報の開示に関する経過措置 ··············· 74

2－4 開示に関する実務課題 ·· 76
Q27 過去，将来情報の報告期間 ····································· 76
Q28 比較情報の開示 ··· 79
Q29 誤謬があった場合の対応 ······································· 81
Q30 機密情報等の開示 ··· 83

2－5 サステナビリティ情報の開示 ···································· 84
Q31 サステナビリティステートメントにおける開示 ··············· 84

Q32	サステナビリティステートメント以外の場所における開示		87

2－6　ESRS 2 号の定め ·· 89

Q33	ESRS 2 号の開示要求	89
Q34	作成の基礎に関する開示	92
Q35	ガバナンスに関する開示	95
Q36	戦略に関する開示	98
Q37	IROの管理に関する開示	101
Q38	指標および目標に関する開示	105
Q39	ESRS 2 号とトピック別の基準との関係	108

2－7　経過措置 ·· 110

Q40	ESRSの円滑な導入を図るための経過措置	110

第3章 ESRS：トピック別の基準

3－1　ESRS E1号「気候変動」 ·· 116

Q41	気候変動をめぐる動向	116
Q42	「気候変動」に係る開示要求の全体像	119
Q43	ガバナンスに関する開示	121
Q44	戦略に関する開示	122
Q45	IROの管理に関する開示	124
Q46	指標および目標に関する開示	127
Q47	ESRS E1号とIFRS S2号「気候関連開示」との比較	
		134

3－2　ESRS E2号「汚染」 ·· 137

Q48	汚染をめぐる動向	137
Q49	「汚染」に係る開示要求の全体像	140
Q50	IROの管理に関する開示	143
Q51	指標および目標の開示要求	146

3－3 ESRS E3号「水および海洋資源」 149

Q52 水および海洋資源をめぐる動向 149

Q53 「水および海洋資源」に係る開示要求の全体像 151

Q54 IROの管理に関する開示 153

Q55 指標および目標の開示 156

3－4 ESRS E4号「生物多様性および生態系」 159

Q56 生物多様性および生態系をめぐる動向 159

Q57 「生物多様性および生態系」に係る開示要求の全体像 163

Q58 戦略に関する開示 165

Q59 IROの管理に関する開示 167

Q60 指標および目標の開示 170

3－5 ESRS E5号「循環型経済」 173

Q61 循環型経済をめぐる動向 173

Q62 「循環型経済」に係る開示要求の全体像 176

Q63 IROの管理に関する開示 179

Q64 指標および目標の開示 183

3－6 ESRS S1号「自社の労働者」 187

Q65 労働者，コミュニティ，消費者およびエンドユーザーの人権に関する世界（EUを含む。）の動向 187

Q66 S領域の基準の全体像 191

Q67 「自社の労働者」に関する開示要求の全体像 193

Q68 戦略およびIROの管理に関する開示 195

Q69 指標および目標に関する開示 199

3－7 ESRS S2号「バリューチェーンにおける労働者」 204

Q70 「バリューチェーンにおける労働者」に関する開示要求の全体像 204

Q71 戦略およびIROの管理に関する開示 206

Q72 指標および目標に関する開示 209

3－8 ESRS S3号「影響を受けるコミュニティ」 211

| Q73 | 「影響を受けるコミュニティ」に係る開示要求の全体像 | 211 |
| Q74 | 戦略およびIROの管理に関する開示 | 214 |

3-9　ESRS S4号「消費者およびエンドユーザー」 217

| Q75 | 「消費者およびエンドユーザー」に係る開示要求の全体像 | 217 |
| Q76 | 戦略およびIROの管理に関する開示 | 220 |

3-10　ESRS G1号「企業行動」 223

Q77	企業行動をめぐる動向	223
Q78	「企業行動」に係る開示要求の全体像	227
Q79	ガバナンスおよびIROの管理に関する開示	230
Q80	指標および目標に関する開示	233

第4章 関連する法令・保証業務

4-1　SFDR 236

| Q81 | SFDRの概要 | 236 |
| Q82 | SFDRで要求される開示 | 239 |

4-2　EUタクソノミー規則 242

| Q83 | EUタクソノミー規則の概要 | 242 |
| Q84 | EUタクソノミー規則で要求される開示 | 245 |

4-3　CSDDD 249

| Q85 | CSDDDの概要 | 249 |
| Q86 | デュー・デリジェンスの実施に関する定め | 255 |

4-4　CSRDに基づく保証業務 257

Q87	保証業務の対象	257
Q88	マネジメントレポートと財務諸表との整合性	259
Q89	保証業務を実施する監査人の適格性	261
Q90	保証業務の実施にあたり準拠すべき基準および保証報告書	262

凡　例

本書で使用している主な基準書等の略称は，以下のとおりです。

正式名称	略　称
ESRS 1号「全般的要求事項」 ESRS 1 General requirements	ESRS 1号 ESRS 1
ESRS 2号「全般的開示」 ESRS 2 General disclosures	ESRS 2号 ESRS 2
ESRS E1号「気候変動」 ESRS E1 Climate change	ESRS E1号 ESRS E1
ESRS E2号「汚染」 ESRS E2 Pollution	ESRS E2号 ESRS E2
ESRS E3号「水および海洋資源」 ESRS E3 Water and marine resources	ESRS E3号 ESRS E3
ESRS E4号「生物多様性および生態系」 ESRS E4 Biodiversity and ecosystems	ESRS E4号 ESRS E4
ESRS E5号「循環型経済」 ESRS E5 Resources use and circular economy	ESRS E5号 ESRS E5
ESRS S1号「自社の労働者」 ESRS S1 Own workforce	ESRS S1号 ESRS S1
ESRS S2号「バリューチェーンにおける労働者」 ESRS S2 Workers in the value chain	ESRS S2号 ESRS S2
ESRS S3号「影響を受けるコミュニティ」 ESRS S3 Affected communities	ESRS S3号 ESRS S3
ESRS S4号「消費者およびエンドユーザー」 ESRS S4 Consumers and end-users	ESRS S4号 ESRS S4
ESRS G1号「企業行動」 ESRS G1 Business conduct	ESRS G1号 ESRS G1
ESRS適用ガイダンス第1号「マテリアリティ評価」 EFRAG IG 1: Materiality assessment	適用ガイダンス第1号 EFRAG-IG1
ESRS適用ガイダンス第2号「バリューチェーン」 EFRAG IG 2: Value chain	適用ガイダンス第2号 EFRAG-IG2

正式名称	略　称
ESRS適用ガイダンス第3号「ESRSにおけるデータポイントの一覧」 EFRAG IG 3: List of ESRS Datapoints	適用ガイダンス第3号 EFRAG-IG3
IFRS S1号「サステナビリティ関連財務情報の開示に関する全般的要求事項」 IFRS S1 General Requirements for Disclosure of Sustainability-related Financial Information	IFRS S1号 IFRS S1
IFRS S2号「気候関連開示」 IFRS S2 Climate-related Disclosures	IFRS S2号 IFRS S2
IFRS S2号の適用に関する産業別ガイダンス Industry-based Guidance on Implementing IFRS S2	IFRS S2号の産業別適用ガイダンス
Directive (EU) 2022/2464 of the European Parliament and of the Council of 14 December 2022 amending Regulation (EU) No 537/2014, Directive 2004/109/EC, Directive 2006/43/EC and Directive 2013/34/EU, as regards corporate sustainability reporting (Text with EEA relevance)	CSRD
Directive 2014/95/EU of the European Parliament and of the Council of 22 October 2014 amending Directive 2013/34/EU as regards disclosure of non-financial and diversity information by certain large undertakings and groups (Text with EEA relevance)	NFRD
Commission Delegated Regulation (EU) 2023/2772 of 31 July 2023 supplementing Directive 2013/34/EU of the European Parliament and of the Council as regards sustainability reporting standards (Text with EEA relevance)	ESRS

正式名称	略　称
Directive 2013/34/EU of the European Parliament and of the Council of 26 June 2013 on the annual financial statements, consolidated financial statements and related reports of certain types of undertakings, amending Directive 2006/43/EC of the European Parliament and of the Council and repealing Council Directives 78/660/EEC and 83/349/EEC（Text with EEA relevance）	会計指令 Directive 2013/34/EU
Directive 2004/109/EC of the European Parliament and of the Council of 15 December 2004 on the harmonisation of transparency requirements in relation to information about issuers whose securities are admitted to trading on a regulated market and amending Directive 2001/34/EC	透明性指令 Directive 2004/109/EC
Directive 2006/43/EC of the European Parliament and of the Council of 17 May 2006 on statutory audits of annual accounts and consolidated accounts, amending Council Directives 78/660/EEC and 83/349/EEC and repealing Council Directive 84/253/EEC（Text with EEA relevance）	法定監査指令 Directive 2006/43/EC
Regulation（EU）No 537/2014 of the European Parliament and of the Council of 16 April 2014 on specific requirements regarding statutory audit of public-interest entities and repealing Commission Decision 2005/909/EC（Text with EEA relevance）	法定監査規則 Regulation（EU）No 537/2014
Regulation（EU）2019/2088 of the European Parliament and of the Council of 27 November 2019 on sustainability‐related disclosures in the financial services sector（Text with EEA relevance）	SFDR
Regulation（EU）2020/852 of the European Parliament and of the Council of 18 June 2020 on the establishment of a framework to facilitate sustainable investment, and amending Regulation（EU）2019/2088（Text with EEA relevance）	EUタクソノミー規則

正式名称	略　称
Directive（EU）2024/1760 of the European Parliament and of the Council of 13 June 2024 on corporate sustainability due diligence and amending Directive（EU）2019/1937 and Regulation（EU）2023/2859（Text with EEA relevance）	CSDDD
Commission Notice on the interpretation of certain legal provisions in Directive 2013/34/EU（Accounting Directive）, Directive 2006/43/EC（Audit Directive）, Regulation（EU）No 537/2014（Audit Regulation）, Directive 2004/109/EC（Transparency Directive）, Delegated Regulation（EU）2023/2772（first set of European Sustainability Reporting Standards, first ESRS delegated act）, and Regulation（EU）2019/2088（Sustainable Finance Disclosures Regulation, SFDR）as regards sustainability reporting	CSRDに関するFAQ

＊本書は，2024年12月末時点の情報に基づいて執筆しています。

x

用語集

略称（英文による正式名称）	本書における訳語または説明
COP The Conference of the Parties	国連気候変動枠組条約締約国会議
CSDDD Corporate Sustainability Due Diligence Directive	企業サステナビリティデュー・デリジェンス指令
CSRD Corporate Sustainability Reporting Directive	欧州企業サステナビリティ報告指令
EFRAG European Financial Reporting Advisory Group	欧州財務報告諮問グループ
ESG Environmental, social and governance	環境・社会・ガバナンス
ESRS European Sustainability Reporting Standards	欧州サステナビリティ報告基準
EU European Union	欧州連合
GHG Greenhouse Gas	温室効果ガス
GRI Global Reporting Initiative	グローバル・レポーティング・イニシアチブ
ISSB International Sustainability Standards Board	国際サステナビリティ基準審議会
NFRD Non-Financial Reporting Directive	（欧州における）非財務情報の報告に関する指令
SDGs United Nations Sustainable Development Goals	国連持続可能な開発目標
SFDR Sustainable Finance Disclosure Regulation	サステナブルファイナンス開示規則
TCFD Task Force on Climate-related Financial Disclosures	気候関連財務情報開示タスクフォース

第 1 章

CSRD

1−1 概　要

Q1 CSRDとは？

CSRDはどのようなものですか？

A. 　CSRD（Corporate Sustainability Reporting Directive：企業サステナビリティ報告指令）は，2023年1月5日に発効した欧州連合（EU）における法令で，企業にサステナビリティ情報の報告を義務付けるものです。
　CSRDは，EUが目指すサステナブルな経済への移行に向けて，既存の制度（NFRD）による非財務情報の開示規制を改訂・拡充する目的で制定されました。

解説

1　背　景

　EUでは，2019年12月に「欧州グリーンディール（The European Green Deal）」が公表されました。欧州グリーンディールは，2050年までに温室効果ガス（GHG）の排出をネットゼロとし，気候中立的（climate neutral）にしたうえで，近代的で資源効率が高い競争力のある経済社会への移行を目指すEUの新しい成長戦略です。さらに，EUにおける自然資源を保護・維持・拡充することによってEU域内の市民の健康と福祉を環境関連のリスクやインパクトから保護すること等を目的としています。

　欧州グリーンディールで掲げられた政策目標は野心的であり，これを達成するためには政府部門の施策では不十分であり，民間部門による資金フローのサイクルを確立することが必要となります。EUでは，こうしたEU域内の持続的な経済成長を支える金融政策の検討が進められており，2018年3月にはいわゆ

るEUサステナブルファイナンス・アクションプラン（Action Plan：Financing Sustainable Growth）が公表されました。その中では，ESG投資（企業によるサステナビリティ課題への対処に関する投資）の促進等が掲げられ，そのためには，投資家に対し比較可能で信頼性の高い十分な情報を提供することが必要となります。

こうしたことを背景に，既存の非財務情報の報告に関する指令（Non-Financial Reporting Directive：NFRD）による開示規制を強化する目的で，CSRDが制定されました。

2　CSRDの概要

CSRDは，全く新規に策定されたものではなく，EUにおける既存の法令を改訂・拡充するものです。適用時期に関する部分を除けば，**図表１－１**の法令がCSRDによって拡充・改訂される対象です。

図表１－１　CSRDの全体構成

構　成	各法令の概要（※CSRDにより改訂される前に焦点を当てて記載）	主な適用対象
会計指令 (Directive 2013/34/EU)	EUにおいて企業が作成すべき財務諸表や連結財務諸表等について定めたもの	企業
透明性指令 (Directive 2004/109/EC)	EUの規制市場に上場する証券を発行する企業が遵守すべき事項について定めたもの	同上
法定監査指令 (Directive 2006/43/EC)	EUにおける財務諸表や連結財務諸表に対する法定監査のあり方について定めたもの	監査・その他の保証業務提供者
法定監査規則 (Regulation (EU) No 537/2014)	EUにおけるPIEの財務諸表や連結財務諸表に対する法定監査に関して固有の点について定めたもの	同上

(出所：CSRDに基づきKPMG作成)

(注)　EU法体系において，指令（Directive）は，EU加盟国による法制化がされて初めて効力を有する文書です。CSRDは，2024年７月６日を期限として加盟国による国内法制化が義務付けられていますが，執筆日時点（2024年12月末）において，比較的多くの国で国内法制化が完了していません。

本書では，各国における法制化の状況やその内容は解説の対象外としていますが，実務上の検討にあたっては関係する国々の法令を十分に理解して進める必要がある点にご留意ください。

Q2 既存の制度（NFRD）について指摘された課題

既存の制度（NFRD）は，どのようなものでしょうか？

A. NFRD（Non-Financial Reporting Directive：非財務情報の報告に関する指令）は，EUで2014年に制定された法令で，企業にサステナビリティ情報を含む非財務情報の開示を求めるものです。

サステナビリティ課題の重要性の高まりを受けて，NFRDによって開示が求められる企業数や情報量，質が不十分であるなどの課題が指摘されるようになっていました。

解説

　従来，EUでは，一定の要件を満たす大企業については，2014年に公表されたNFRDに基づき，サステナビリティ情報を開示することが義務付けられてきました。具体的には，NFRDでは，期中における平均従業員数が500名を超え，PIE（Public Interest Entity）（**図表２−１**（※１）参照）に該当する大会社（large undertaking）および同様の要件を満たす大会社グループ（large group）の親会社に対して，環境および社会・従業員に関する事項，人権の尊重，腐敗・贈収賄の防止などに関する企業の動向，パフォーマンス，状態および活動のインパクトについて理解するために必要な情報を開示することが要求されていました。また，企業がNFRDを踏まえて採択された国内法に基づき開示をするにあたり，有益で比較可能な情報を開示できるように，欧州委員会から，2017年６月に非財務情報ガイドライン（Guidelines on non-financial reporting）が公表されているほか，2019年６月に気候変動リスクに特化したガイドライン（Guidelines on reporting climate-related information）が公表されていました。

　しかし，NFRDにおける開示要求は概括的な定めにとどまり，また，上記のガイドラインには法的拘束力がないことから，EUにおける議論では，NFRDに基づく情報開示において，利用者が求める情報が十分に開示されていないほか，比較可能性が十分でないことが指摘されるようになってきました。加えて，

第1章　CSRD　5

開示義務を負う会社が限定的であることや，独立した第三者による監査・保証が義務付けられていないために情報の信頼性が十分に担保されていない等の課題も公開協議を通じて識別されました。NFRDに基づく開示の概要と課題は，**図表２－１**のとおりです。

図表２－１　NFRDに基づく開示の概要と課題

特　徴	NFRDの概要	公開協議において指摘された課題
対象企業	・大会社のうち，PIE（※１）に該当し，平均従業員（単体ベース）数が500名超（※２）。 ・大会社グループの親会社のうち，PIEに該当し，平均従業員（連結ベース）数が500名超。	・適用対象が，実質的に，大手のEU域内の上場会社等に限定されている。 ・環境や社会へのインパクトは，上場会社に固有の課題ではなく，開示要求の対象が十分でない。
開示が要求される情報	・環境および社会・従業員に関する事項，人権の尊重，腐敗・贈収賄の防止に関する事項について，事業モデル，方針および方針の成果，主要なリスクおよびリスク管理，KPIに関する情報。	・特定の基準やフレームワークに準拠して作成することが要求されていない。 ・2017年，2019年にガイドラインが公表されたが，実務において，主要なサステナビリティ課題に関する重要な情報のすべてが開示されているとはいえないほか，比較可能性が確保できていない。 ・EUで進められている他の施策（例：SFDR）の内容との整合性が確保できていない。
デジタルフォーマットの利用	・情報のタグ付けは要求されていない（※３）。 ・実務上，PDF形式での開示がほとんど。	・デジタル形式で報告されておらず，情報の収集・加工に時間がかかる。
情報の信頼性	・第三者による保証業務の提供は要求されていない。	・開示されている情報の信頼性が十分に確保できていない。

（※１）　PIE（Public Interest Entity）は，以下に該当する企業をいう（会計指令２条）。
　　　　・EU加盟国の法令に服する企業であり，かつ指令2004/39/EC 4(1)条14項で定義されるEU加盟国における規制市場に上場する企業
　　　　・指令2006/48/EC 4条１項で定義される与信金融機関
　　　　・指令91/674/EEC 2(1)条で定義される保険業務に従事する企業
　　　　・事業の性質，規模，従業員数などからEU加盟国によってPIEとして指定された企業
（※２）　平均従業員数は，事業年度における平均で算定する。
（※３）　財務報告については，すでにXHTMLによるタグ付けが要求されている。
（出所："Fitness Check on the EU framework for public reporting by companies"（EC 21 April 2021）に基づきKPMG作成）

Q3 CSRDに関連する法令

CSRDは，どのような法令と特に関係があるでしょうか？

A. CSRDは，SFDR（Sustainable Finance Disclosure Regulation），EUタクソノミー規則（EU Taxonomy Regulation）とともに，サステナブルファイナンスを促進する取組みの一環として，投資家およびその他の情報利用者に必要な情報を提供するための開示規制を担っています。このほか，関連する法令として，CSDDD（Corporate Sustainability Due Diligence Directive）などがあります。

解説

CSRDは，EUにおけるサステナブルな経済への移行に向けたファイナンス戦略の一環で，主にSFDRおよびEUタクソノミー規則とともに投資家やその他の情報利用者に必要なサステナビリティ情報を提供するための開示規制を担っています。このほか，関連する法令として，CSDDDなどがあります。CSRDと関連する法規制との関係は**図表3-1**のように示すことができます。

図表3-1 CSRDと関連する法規制

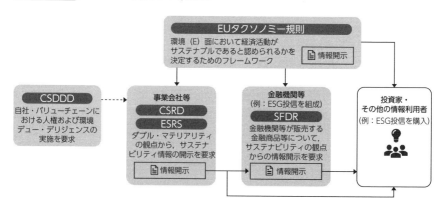

第1章　CSRD　　**7**

1　SFDR

　SFDRは，EUにおいてESG投信などの金融商品を組成・販売する「金融市場参加者」や投資アドバイスを提供する証券会社などの「金融アドバイザー」（以下「金融機関等」という。）に対して，自らの方針や取り扱う金融商品に関するサステナビリティ情報の開示を要求するものです。

　SFDRは，投資対象となる金融商品の透明性を向上させ，ESG投資が拡大する中で問題視されているグリーンウォッシング（環境配慮をしているように見せかけている金融商品）を防止することを目的の1つとしています。SFDRで要求されている開示をするため，金融機関等は，投資先のサステナビリティ情報を入手することが必要となります。このため，CSRDや欧州サステナビリティ報告基準（ESRS）は，SFDRで要求されている開示をするための情報が入手できるようにすることも考慮したうえで，要求事項が設計されています。SFDRの詳細は**Q81**をご参照ください。

2　EUタクソノミー規則

　EUタクソノミー規則は，企業の活動がどの程度サステナブルな経済活動と整合的かについて情報開示する仕組みを定めた法令です。EUが目指すサステナブルな経済への移行の達成には，膨大な資金が必要であり，サステナブルなプロジェクトへの投資の誘導が不可欠となります。このため「何がサステナブルな経済活動か」について共通かつ明確な定義を定めることが重要と考えられました。

　EUタクソノミー規則では，サステナブルな経済活動に該当するための要件（規準）を定め，当該規準を満たす売上高，および資本的支出や費用的支出の割合といったKPIの開示等を企業に要求し，企業がどの程度サステナブルな活動を行っているかについての情報を投資家等に提供することを求めています。EUタクソノミー規則の詳細は**Q83**をご参照ください。

3　CSDDD

　CSDDDは，売上高や従業員数などが一定規模を超える企業に対して，企業

が自社および子会社の事業活動およびバリューチェーンにおいて人権および環境に及ぼす悪影響を識別し対処するため，デュー・デリジェンスの実施を義務付ける指令です。CSDDDでは，デュー・デリジェンスの実施に関する要求の一部として企業にウェブサイトにおいて年次のステートメントを公表することが要求されています。CSDDDの詳細は**Q85**をご参照ください。

　このほか，個別トピックに関連する法令については，第3章をご参照ください。

第1章　CSRD　　**9**

1－2 サステナビリティ情報の報告

Q4 適用対象企業と適用時期

　　CSRDでは，どのような企業に対して，いつからサステナビリティ
情報の報告が要求されているでしょうか？

A.　　CSRDでは，2024年1月1日以後開始する事業年度以降，段階的
　　　に，EU規制市場に上場する会社（零細会社を除く。）に加え，それ以
　　　外の「大会社」および「大会社グループ」の親会社等に対してサステ
　　　ナビリティ情報を報告することが要求されています。
　　　　また，2028年度以降，一定の要件に該当するEU域外企業グルー
　　　プの最終親会社に対して連結ベースのサステナビリティ情報の報告が
　　　実質的に要求されます。

解 説

　CSRDでは，NFRDで要件とされていた平均従業員数が500名以上かどうか
にかかわらず，EU規制市場に上場するすべての会社（ただし零細会社を除く。）
に加え，すべての「大会社」および「大会社グループ」の親会社に対してサス
テナビリティ情報を報告することが要求されています。また，2028年度以降，
一定の要件に該当するEU域外企業グループの最終親会社に対して連結ベース
のサステナビリティ情報を報告することも実質的に要求されています。

　適用開始時期は，会社の規模，上場の有無，EU域内で設立された企業か否
かによって異なり，2024年1月1日以後開始する事業年度以降，段階的に適用
対象が拡大します。

　適用対象と適用開始時期は，**図表4－1**のとおりです。

10

図表4−1 CSRDの適用対象と適用開始時期

No	適用対象（※1）	適用開始時期
1	NFRDの適用対象会社	2024年1月1日以後開始する事業年度
2	• 上記以外の「**大会社**」および「**大会社グループ**」に該当するグループの親会社 • 与信金融機関（credit institution）および保険会社（insurance undertaking）	2025年1月1日以後開始する事業年度
3	• 「**中小会社**」のうちPIEに該当する会社（零細会社は除く。） • 上記以外の専属保険会社および再保険会社（captive insurance undertaking, captive reinsurance undertaking）	2026年1月1日以後開始する事業年度 （※2）
4	以下のすべてに該当する会社 • EU域外企業の子会社が「**大会社**」，またはPIEである「**中小会社**」（零細会社は除く。）に該当する。 • 当該子会社が属するEU域外企業グループ（日本企業グループを含む。）のEU域内における純売上高が直前2年間連続で1億5千万ユーロ超である。	2028年1月1日以後開始する事業年度
5	以下のすべてに該当する支店 • EU域外企業の支店の純売上高が直近事業年度で4千万ユーロ超である。 • 子会社が適用対象とならない。 • 当該支店が属するEU域外企業グループ（日本企業グループを含む。）のEU域内における純売上高が直前2年間連続で1億5千万ユーロ超である。	

（※1） 会社区分については，**図表4−2**を参照。
（※2） EU域内の「中小会社」による適用時期は，EU加盟国の判断で最大2年間遅らせることが認められている。
（出所：CSRDの内容（主に5条 Transposition）に基づきKPMG作成）

第1章　CSRD　　11

図表4－2　会社区分に関する定め

会社区分		3要件（※1）（※2）
大会社／大会社グループ large undertaking　(large group)		・総資産：25百万ユーロ超 ・純売上高：50百万ユーロ超 ・期中平均従業員数：250名超
中小会社／中小会社グループ small and medium-sized undertakings（group)	中会社／中会社グループ medium-sized undertakings（medium-sized group)	・総資産：5百万ユーロ超～25百万ユーロ ・純売上高：10百万ユーロ超～50百万ユーロ ・期中平均従業員数：51～250名
	小会社 small-sized undertakings（※3)	・総資産：450千ユーロ超～5百万ユーロ ・純売上高：900千ユーロ超～10百万ユーロ ・期中平均従業員数：11～50名
	小会社グループ small-sized group	・総資産：5百万ユーロ以下 ・純売上高：10百万ユーロ以下 ・期中平均従業員数：50名以下
零細会社 micro undertaking		・総資産：450千ユーロ以下 ・純売上高：900千ユーロ以下 ・期中平均従業員数：10名以下

（※1）　会計指令において，表に記載する3要件のうち2要件以上に該当する場合，それぞれの会社区分に該当するとされている。
（※2）　グループの定義については，上記の定めを適宜連結ベースに読み替える。
（※3）　EU加盟国は，小会社の定義に関して，上限を総資産7.5百万ユーロ，純売上高15百万ユーロまでの範囲で任意に定めることが認められている（これにより，中会社の下限も変わる。）。
（出所：会計指令に基づきKPMG作成）

　CSRDの適用対象となる日本企業の詳細については**Q8**，適用免除規定については**Q9**をご参照ください。

Q5 報告すべき事項

　　2025年度以降にCSRDの適用対象となる大会社および大会社グループの親会社による報告を前提とした場合，単体ベースでは，どのような事項について開示が要求されているでしょうか？　また，連結ベースと単体ベースとで開示すべき情報に違いはあるのでしょうか？

A.　　2025年度以降にCSRDの適用対象となる会社は，企業がサステナビリティ課題に与えるインパクト，およびそれが企業の動向，パフォーマンスならびに状態に与える影響を理解するために必要な情報を報告することが要求されています。

　　また，連結ベースで開示すべき情報は，「企業」を「グループ」と読み替えることを除けば，単体ベースでの要求事項と概ね整合的です。

解 説

　2025年度以降においてCSRDの適用対象となる会社または適用対象となる連結グループの親会社は，マネジメントレポートにおいて，企業がサステナビリティ課題に与えるインパクト，およびそれが企業の動向，パフォーマンスならびに状態に与える影響を理解するために必要な情報を報告することが要求されています（会計指令19a条１項，29a条１項）。

1　単体ベースで報告すべき事項

　単体ベースで報告すべき事項は**図表５−１**のとおりです（会計指令19a条２項）。

第1章　CSRD　　13

図表5－1　単体ベースで報告すべき事項

	サステナビリティに関する報告すべき情報
1	以下を含め，企業のビジネスモデルおよび戦略に関する事項（短・中・長期に関する情報） ● サステナビリティ課題に係るリスクに関連する企業のビジネスモデルおよび戦略のレジリエンス ● サステナビリティ課題に関する企業にとっての機会 ● 自社のビジネスモデルおよび戦略をサステナブルな経済への移行と整合したものとし，また，パリ協定における1.5℃目標および2050年までに気候中立（climate neutrality）を達成しようとする目的と整合的なものとするような企業の計画 ● 企業のビジネスモデルおよび戦略がステークホルダーの関心や企業のサステナビリティ課題に対するインパクトをどのように考慮しているか ● 企業の戦略がサステナビリティ課題についてどのように実施されているか
2	企業が設定したサステナビリティ課題に関する時期を明示した目標（最低限，2030年および2050年に向けたGHG排出量総量の削減目標を含む。），および，当該目標の達成に向けた進捗，環境要因に関する自社の目標が科学的根拠に基づくものであるかどうか
3	サステナビリティ課題に関する経営・監視機関の役割，および，役割を果たすうえで必要な専門知識やスキル，または，当該知識やスキルへのアクセスに関する説明
4	サステナビリティ課題に関する企業の方針に関する説明
5	経営・監視機関のメンバーに提供されているサステナビリティ課題に紐付けられたインセンティブ付けの仕組みに関する情報
6	以下に関する説明 ● サステナビリティ課題について企業が実施したデュー・デリジェンスのプロセス ● 自社の営業およびバリューチェーン（製品，サービス，事業上の関係，サプライチェーンを含む。）に関する実際または潜在的に生じる可能性がある主要な負のインパクト ● 上記負のインパクトおよび他のEUの法令によって会社に対してデュー・デリジェンスを実施し，識別することが要求されているその他の負のインパクトを識別・監視するために実施したアクション ● 実際または潜在的なインパクトを防止・削減・是正・根絶するために企業が実施したアクションおよびその結果
7	サステナビリティ課題に関する企業にとっての主要なリスク（例：これらに対する企業の依存のあり方，リスク管理の方法）に関する説明
8	上記1～7の開示に関する指標
9	マネジメントレポートに含める情報を識別するために実施したプロセス

（出所：会計指令 19a条1項に基づきKPMG作成）

　なお，単体ベースで報告すべき事項の免除規定については，**Q9**をご参照ください。

2 連結ベースで報告すべき事項

　連結ベースで報告すべき情報は，「企業」を「グループ」と読み替えることを除けば，概ね**図表5－1**に示した内容と整合的です（会計指令29a条1項）。

　ただし，連結ベースでの報告にあたっては，グループ全体にとってのリスクやインパクトと一部の子会社にとってのリスクやインパクトの間に重大な相違があることがあります。こうした場合，当該一部の子会社のリスクやインパクトについて十分な理解ができるような情報を含める必要があります（会計指令29a条4項）。

第1章　CSRD　　**15**

Q6 サステナビリティ情報の報告媒体

CSRDにおいて，サステナビリティ情報は，どのような媒体で報告する必要があるのでしょうか？

A. CSRDでは，原則として，マネジメントレポートの中で明確に識別できる記載欄（サステナビリティステートメント）においてサステナビリティ情報を報告することが要求されています。

解説

NFRDでは，原則としてサステナビリティ情報が記載される非財務ステートメント（non-financial statement）をマネジメントレポート内で報告するとしつつも，一定の要件を満たす場合にはマネジメントレポート以外の任意の開示媒体で開示することも認められていました。この定めは，企業の任意開示を活用するという観点からは効果的であった一方で，財務情報とサステナビリティ情報のつながりが不明確になること等の問題点が指摘されていました。

このため，CSRDでは，EU域外企業による開示を除いて，マネジメントレポートの中で明確に識別できる記載欄を設けてサステナビリティ情報を記載することが要求されています（会計指令19a条1項，29a条1項）。なお，ESRSでは，当該記載欄に「サステナビリティステートメント」という名称が付されています（ESRS 1.110）。

また，NFRDの下では，デジタル形式での報告がなされておらず，データの収集・加工に時間がかかるという点が指摘されていました。このため，CSRDでは，マネジメントレポートで開示されるサステナビリティ情報を年次報告書に含めてデジタル形式（XHTML形式）で提供することとし，情報をマークアップすることが要求されています（会計指令29d条）。マークアップ付けされた情報は，今後EUで創設される財務・サステナビリティ情報の公開プラットフォーム「European Single Access Point（ESAP）」で集約して開示される予定です。

サステナビリティ報告基準

CSRDではサステナビリティ報告基準について，どのような定めが設けられているのでしょうか？

A. CSRDでは，企業に対し，原則として，欧州サステナビリティ報告基準（European Sustainability Reporting Standards）に基づいてサステナビリティ報告を行うことが要求されています。

解説

CSRDに準拠したサステナビリティ報告を行うにあたっては，EU域外企業が準拠するサステナビリティ報告基準が同等と評価される場合を除き，すべての企業に対して欧州財務報告諮問グループ（EFRAG）が開発したESRSに基づき開示を作成することが要求されています。ESRSは，CSRDの下位法令として欧州委員会によって委任法令として採択されており，強制力のある報告基準と位置付けられます（会計指令29b条，40b条）。

CSRDでは，ESRSが対象とするサステナビリティ課題（トピック）として図表7－1のような領域が示されています（会計指令29b条）。

図表7－1 ESRSが対象とするサステナビリティ課題

区　分	サステナビリティ課題
環境（E）	●気候変動の緩和（GHG排出量に関するものを含む。） ●気候変動への適応 ●水と海洋資源 ●資源利用と循環経済 ●汚染 ●生物多様性と生態系
社会（S）	●すべての者に対する平等な取扱いおよび機会の提供（性別の平等，同一価値労働同一賃金，研修およびスキル開発，障がい者の雇用と受入れ，職場における暴力やハラスメントへの対応，多様性を含む。） ●労働条件（安定的な雇用，労働時間，十分な賃金を含む。），社会的な対話，結社の自由，労使協議会の存在，団体交渉（団体交渉によりカバーされている労働者の割合を含む。），労働者の情報・協議・参加に関する権利，ワークライフバランス，健康と安全

第1章　CSRD　　**17**

	● 人権，基本的自由，民主的原則および国際人権法ならびにその他の国連の人権条約で定められている基準の尊重
ガバナンス（G）	● サステナビリティ課題に関する企業の経営・監視機関の役割，当該役割を果たすための経験およびスキルまたはこれらに対するアクセス ● サステナビリティ報告と意思決定プロセスに関する企業の内部統制およびリスク管理システムの主な特徴 ● 事業上の倫理と企業風土（贈収賄，通報者の保護，動物福祉を含む。） ● 政治的影響の行使（ロビー活動を含む。）に関する企業行動とコミットメント ● 消費者，サプライヤー，企業活動により影響を受けるコミュニティとの関係の管理および品質（中小会社に対する支払期日の長期化の実務を含む。）

（出所：会計指令29b条2項に基づきKPMG作成）

　　ESRSの概要については，**Q11～Q17**をご参照ください。

1−3 | 日本企業にとって必要な実務的な対応

Q8 CSRD/ESRSが適用される状況

日本企業または日本企業グループは，どのような場合にCSRD/ESRSの影響を受ける可能性があるでしょうか？

A. 日本企業または日本企業グループは，主に以下のいずれかに該当する場合，CSRD/ESRSの影響を受ける可能性があります。

- 発行する証券がEUの規制市場に上場している場合
- EUの子会社が「大会社グループ」に該当する連結集団の親会社である場合
- EUの子会社が「大会社」に該当する場合
- EUに大規模な支店がある場合

解 説

日本企業または日本企業グループは，主に以下のいずれかに該当する場合，CSRD/ESRSの影響を受ける可能性があります。

---

① 発行する証券がEUの規制市場に上場している場合
② EUの子会社が「大会社グループの親会社」に該当する場合
③ EUの子会社が「大会社」に該当する場合
④ EUに大規模な支店がある場合

（※1） 上記以外でも，EUに所在する子会社が上場している場合，EUの子会社が与信金融機関，保険会社に該当する場合にも影響を受ける可能性があります。
（※2） 上記①〜④の要件の詳細については，**Q4**をご参照ください。

実務的には，上記のうち①に該当する状況は限定的と考えられます。このため，特に②〜④について注意が必要です。これらに該当する場合については，

Q9,Q10をご確認ください。

図表8－1 CSRDの適用を受ける可能性がある状況

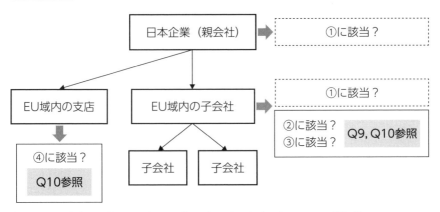

(出所：会計指令19a条,29a条および40a条の定めを踏まえてKPMGが作成)

Q9 EUに「大会社グループの親会社」に該当する子会社がある
場合の対応

　　　EU域内に「大会社グループの親会社」に該当する子会社がある場
合，どのような対応が必要になるのでしょうか？

A.　　EU域内に「大会社グループの親会社」に該当する子会社（B社）
がある場合，原則として，同社において連結ベースでサステナビリ
ティ報告を作成し，これを同社の連結ベースのマネジメントレポート
に含める必要があります。
　　　また，B社が「大会社」に該当する場合，原則として，同社におい
て単体ベースでサステナビリティ報告も作成する必要があります。
　　　ただし，CSRDではいくつかの免除規定が認められており，各国の
法令における定めを確認したうえで，これを適用することが可能です。

解 説

1　原則的な定め

　CSRDでは，原則として，判定対象とする会社が「大会社グループの親会社」
に該当する場合，連結ベースでサステナビリティ報告を作成し，これを同社の
連結ベースのマネジメントレポートに含めることが要求されています（会計指
令29a条1項）。同様に，判定対象とする会社が「大会社」に該当する場合，原
則として，単体ベースでサステナビリティ報告を作成し，これを同社の単体
ベースのマネジメントレポートに含めることが要求されています（会計指令
19a条1項）。

　日本企業のEU域内の子会社においても，基本的に，これに沿った対応が必
要となります。なお，CSRDはEUにおける「指令」という法的位置付けであ
るため，実際の適用にあたっては，各国の法令における定めを確認する必要が
ある点に注意することが必要です。

2 免除規定

CSRDでは、サステナビリティ報告の作成について、いくつかの免除規定が設けられています。以下において、**図表9－1**に記載する組織形態を前提として解説します。

図表9－1 日本企業を親会社とする組織形態（例）

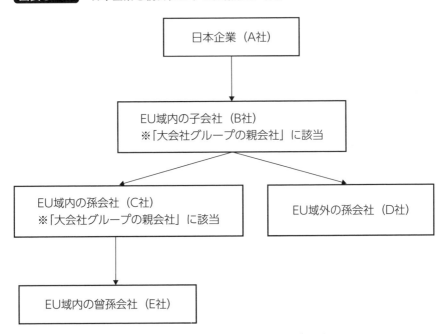

(出所：会計指令19a条および29a条の定めを踏まえてKPMGが作成)

(1) EU域内の子会社による単体ベースのサステナビリティ報告に関する免除規定

CSRDでは、EUにおいて「大会社グループの親会社」に該当する会社（B社）が連結ベースでサステナビリティ報告を作成し、これを同社の連結ベースのマネジメントレポートに含める場合、連結ベースの開示が会計指令29a条1項から5項に従って適切にされていることを前提として、自社（B社）による

22

単体ベースでのサステナビリティ報告がなされたものとみなす旨が定められています（会計指令29a条7項）。

⑵ EU域内の孫会社の連結・単体ベースのサステナビリティ報告に関する免除規定

CSRDでは，EUにおいて「大会社グループの親会社」に該当する会社（B社）が連結ベースでサステナビリティ報告を作成し，これを同社の連結ベースのマネジメントレポートに含める場合，一定の要件（**図表9－2参照**）を満たすことを前提として，同社のEU域内の子会社（C社＝A社にとっての孫会社）による連結ベースでのサステナビリティ報告が免除される旨が定められています（会計指令29a条8項）。

また，同様に，一定の要件を満たすこと（**図表9－2参照**）を前提として，当該子会社（C社＝A社にとっての孫会社）による単体ベースでのサステナビリティ報告も免除されます（会計指令19a条9項）。

⑶ EU域内の子会社および孫会社による連結ベースのサステナビリティ報告に関する免除規定

CSRDでは，EU域外に所在する企業（日本企業を含む。）がEU域内の大会社および大会社グループ向けのESRSまたは欧州委員会によってそれと同等と評価されたサステナビリティ報告基準に準拠して連結ベースでサステナビリティ報告を作成する場合，一定の要件を満たすこと（**図表9－2参照**）を前提として，EU域内の子会社等によるサステナビリティ報告が免除される旨が定められています（会計指令19a条9項および29a条8項）。

図表9－1に記載した組織構造を前提とすると，日本企業（A社）グループがCSRD/ESRSの要求事項に準拠して連結ベースのサステナビリティ報告を実施した場合，一定の要件を満たすこと（**図表9－2参照**）を前提として，EU域内の子会社（B社），孫会社（C社）および曾孫会社（E社）による報告義務が免除される可能性があります（会計指令19a条9項，会計指令29a条8項）。

第1章　CSRD　　**23**

図表9−2　報告の免除に関する主な要件

■免除を受ける子会社のマネジメントレポートで以下の情報が開示されること
- グループレベルで情報を報告する親会社の名称および登記上の事務所
- 親会社の連結ベースのマネジメントレポート（または，親会社の連結ベースのサステナビリティ報告）のウェブサイトのリンク
- サステナビリティ情報の報告義務の免除を受けている旨

■仮に親会社がEU域外国で設立されている場合，以下の要件を満たすこと
- 同社の連結ベースのサステナビリティ報告とそれに対する保証の意見が会計指令30条の定めおよび子会社が所在する国の法令の定めに従って公表されていること
- 会計指令19a条9項の定めに基づきサステナビリティ報告の免除を受けるEU域内に設立された子会社の活動を対象としたEUタクソノミー規則8条に基づく開示が，免除を受ける親会社のマネジメントレポートまたはEU域外国に所在する親会社の連結ベースのサステナビリティ報告のいずれかに含まれていること

■仮に免除を受ける子会社の法令において，親会社により作成される連結ベースのマネジメントレポートまたは連結ベースのサステナビリティ報告が特定の言語によって作成される必要があるとされている場合，当該要求に従っていること

（出所：会計指令29a条8項の定めを踏まえてKPMGが作成）

(4) EU域内の子会社等に関する時限的措置

CSRDでは，2030年1月6日までの時限的措置として，EU域外企業の「大会社」または「大会社グループの親会社」に該当する子会社がEU域内に複数存在する場合，そのうちの1社がそれらの子会社すべてを含む連結ベースのサステナビリティ報告を適切に作成して公表することによって，単体・連結ベースの開示が免除される旨が定められています（会計指令48i条1項および4項）。

上記において，報告主体となりうる子会社は，直近5事業年度（または連結会計年度）の最低でも1事業年度（または連結会計年度）において，EUにおける売上高が最も大きかった会社に限られます（会計指令48i条2項）。ただし，当該連結ベースのサステナビリティ報告の公表時期や方法については，例外的な定めは設けられていません（会計指令48i条3項）。

Q10 日本企業によるグループレベルでの対応

どのような場合に，日本企業がグループレベルでCSRDに対応することが必要になるのでしょうか？　また，どのような対応が必要になるのでしょうか？

A. 主に以下の双方の要件に該当する場合，2028年1月1日以後開始する事業年度から日本企業がグループレベルでCSRDに対応することが必要となります。

- EU域内に所在する子会社が「大会社」に該当するか，これに該当しない場合，EU域外企業が有するEU域内に所在する支店の直前事業年度の純売上高が4千万ユーロを上回ること
- 日本企業のグループレベルでのEUにおける純売上高が直近2事業年度で連続して1億5千万ユーロを上回ること

解 説

1　日本企業グループレベルとしての対応が必要になる場合

CSRDはEUにおける法令ですが，日本企業においてグループレベルでの対応が必要になることがあります。特に，以下の双方に該当する場合，実質的にグループレベルでCSRDに対応することが必要となります（会計指令40a条1項）。

■以下のいずれかに該当すること
- EU域内に所在する子会社が「大会社」またはPIEの要件を満たす「中小会社」（ただし「零細会社」には該当しない。）に該当する。
- 上記には該当しないが，日本企業が有するEU域内に所在する支店の直前事業年度の純売上高が4千万ユーロを上回る。

■日本企業のグループレベルでのEUにおける純売上高が直近2事業年度で連続して1億5千万ユーロを上回ること

第1章　CSRD　　**25**

2　日本企業グループにとって必要な対応

　上記に該当する場合，適用対象となる子会社または支店は，2028年1月1日以後開始する事業年度から，日本企業グループの連結ベースでのサステナビリティ情報を含むサステナビリティ報告を公表し，アクセス可能にすることが要求されます。

　この場合における留意事項は，主に以下のとおりです。

- 公表し，アクセス可能にすることが要求されているサステナビリティ報告における情報は，EUに所在する大会社に要求されているものと比較して，インパクトに関する情報に限定されていること（このため，レジリエンス，機会，リスクに関する情報は要求されていない。）
- 開示すべき情報は，今後，EFRAGによって開発され，欧州委員会が委任法令として採択する基準（EU域外企業向けの報告基準）によって示されることが予定されていること^(※1)
- EU域内に所在する子会社または支店によって公表されるサステナビリティ報告に対して，該当するEU域外企業またはEU加盟国の法令でサステナビリティ報告の保証について意見を表明することをオーソライズされた者または事務所によって保証の意見（結論）を受けることが要求されていること
- サステナビリティ報告と保証報告書について，EUに所在する子会社または支店が期末日から12ヵ月以内に公表し，無料でアクセス可能なものとする必要があること
- 情報を公表する子会社における経営・監視機関は，最善の知識および能力において，サステナビリティ報告が会計指令40a条に従って作成・公表され，アクセス可能にする責任を負うとされていること

（※1）　会計指令40a条2項では，EU域外国のサステナビリティ報告基準が同等と評価される場合，当該基準に基づいて作成することも認められています。

（※2）　サステナビリティ報告を作成するために必要な情報が入手できない場合，報告企業である子会社または支店はEU域外企業に対して開示義務を充足するために必要なすべての情報を提供するように要請することが要求されています。それでもなお必要なすべての情報が入手できない場合，報告企業である子会社または支店は入手したすべての情報を用いてサステナビリティ報告を作成・公表したうえで，EU域外企業が必要な情報を提供しなかった旨のステートメントを発行することが要求されています。

（※3）　サステナビリティ報告に対して保証の意見（結論）を受けることができなかった場合，子会社または支店にはEU域外企業が保証の意見（結論）を提供しなかった旨のステートメントを発行することが要求されています。

上記の対応は，**図表10－1**のように示すことができます。

図表10－1　会計指令40a条を踏まえて日本企業（親会社）によって必要な対応

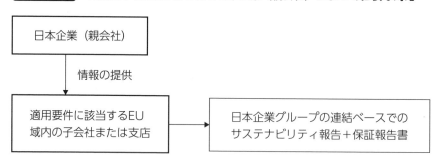

また，これらを踏まえると，実務的には，**図表10－2**に記載した対応が必要になると考えられます。

図表10－2　会計指令40a条を踏まえた実務上の対応

- 会計指令40a条の適用対象に該当し，日本企業グループとしての対応が必要となるかについて事実および状況を踏まえて早期に判断すること
- 親会社とEU域内の子会社または支店が適切な協力関係を確立すること
- EFRAGが開発を予定しているEU域外企業向けの報告基準の開発の動向について注視すること
- 自社の取引関係を整理し，上流および下流のバリューチェーンについてマッピングを実施すること
- 報告すべきサステナビリティ課題について，ESRSにおける定めを参照しながら暫定的な評価を実施すること
- 入手すべきデータを識別したうえで，データの入手方法やデータを入手できない場合の推定計算の手法について検討すること

第1章　CSRD　　**27**

| 参　考 | 「EU域外企業グループ向けのESRS」の開発 |

　本Q&Aに記載したとおり，会計指令の要件に該当する子会社または支店は，2028年1月1日以後開始する事業年度から，EU域外に所在する企業グループによる連結ベースでのサステナビリティ情報を含むサステナビリティ報告を公表することが要求されます。

　これを見据えて，EFRAGは「EU域外企業グループ向けのESRS（「ESRS for Non-EU Groups」または「NESRS」という。）」の開発に着手しており，2025年初旬にNESRSについて公開協議を行うことを予定しています。本書執筆日時点（2024年12月末）の情報によると，EFRAGは同基準の開発にあたって，NESRS E1「気候変動」を除く9個のトピック別基準に関してEU域外の自然人および企業に対して財またはサービスを販売したことによるインパクトに関する情報を開示対象外とすること（換言すると，開示対象を限定的なものとすること）をオプションとして認める旨を検討しているようです。

第2章

ESRS：全般的な基準

2−1 ESRSの概要

Q11 ESRSとは？

ESRSとは，どのような基準なのでしょうか？

A. ESRS (European Sustainability Reporting Standards) とは，企業がCSRDに基づきサステナビリティ情報を報告する際に，報告すべき情報の詳細を定めている報告基準です。ESRSは，広義には企業の類型ごとに数種類のものが予定されていますが，特に断りがない限り，通常，2023年７月に欧州委員会から採択されたものを指します。

ESRSは，IFRSサステナビリティ開示基準と多くの点で共通する基準ですが，ダブルマテリアリティの採用を含め，一部異なる点があります。

解 説

1 CSRDとESRSの関係

CSRDでは，その適用対象となる企業に対して，連結および単体ベースでサステナビリティ情報を報告することを要求しているほか，報告に含まれるべき事項について定められています。他方，報告すべき情報に関する詳細は，欧州委員会により委任法令として採択された欧州サステナビリティ報告基準（ESRS）によって定められる必要があるとされています。

また，CSRDでは，ESRSは欧州財務報告諮問グループ（EFRAG）による技術的な助言を考慮したうえで，欧州委員会が採択するとされています。これを踏まえ，EFRAGは企業が会計指令の19a条１項・２項および29a条１項・２項に基づいて報告を実施するうえで準拠すべき報告基準としてESRSを草案し，2022年11月に欧州委員会に基準案を技術的助言として提出しました。その後，

第2章　ESRS：全般的な基準　　**31**

欧州委員会が，EUの関係当局に対する意見聴取および協議等を実施し，当該基準案を一部修正し，2023年7月31日付でESRSを委任規則（Commission Delegated Regulation）として採択しています。最終化されたESRSは，EU域内の各国による追加的な手続を経ることなく，2024年1月1日以降開始する事業年度から適用されています。

このように，ESRSは，EUにおいて法的な拘束力を持つものです。CSRDとESRSの関係は，**図表11－1**のように示すことができます。

図表11－1　　CSRDとESRSの関係

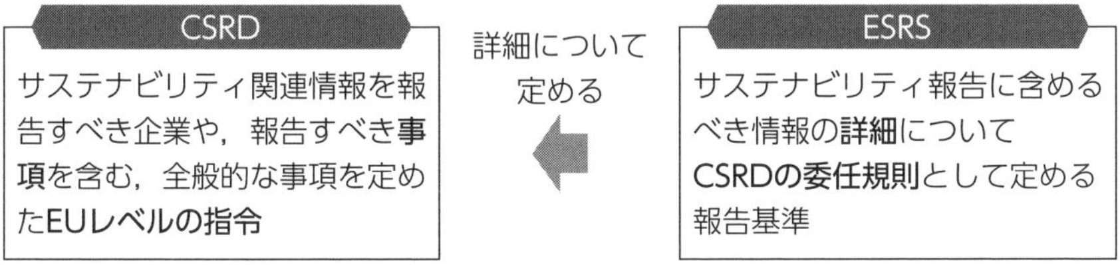

（出所：CSRDおよびESRSに関する委任規則に基づきKPMG作成）

2　ESRS（広義）の種類

EUでは，CSRDに基づき，幅広い企業においてサステナビリティ情報の報告が要求されます。このため，欧州委員会は，2023年7月に採択されたESRSに加え，今後，追加で4種類のESRSを採択することを予定しています。企業がどのESRS（広義）を適用すべきかは，適用される法令の定めに応じて会社ごとに異なります。

なお，CSRDの採択以降における状況を踏まえ，これらの基準を開発するには追加的な時間を要することが明らかになりました。これを踏まえ，欧州委員会から2024年2月にCSRDで示されていた開発期限を延期する旨が示されています。

ESRSの種類（適用対象ごとに区分），基準の開発期限および適用開始日は，**図表11－2**に記載したとおりです。

32

図表11－2 ESRSの種類

ESRS（広義）の種類	開発期限	報告義務の適用開始日
大会社および大会社グループ向けの基準	2023年7月に採択済み	2024年1月1日以後開始する事業年度以降
上場の中小会社向けの基準	2024年6月末	2026年1月1日以後開始する事業年度以降
非上場の中小会社向けの基準（任意）	2024年6月末（法令上の期限はなし）	－
セクター別の基準	2026年6月末	2028年1月1日以後開始する事業年度以降の適用が想定される
EU域外企業グループ向けの基準	2026年6月末	2028年1月1日以後開始する事業年度以降

（出所：CSRDおよび欧州委員会によるその他の公表文書に基づきKPMG作成）

　なお，以降の記述では，特に断りがない限り，「ESRS」として記載した場合，2023年7月に欧州委員会によって採択されたESRSを指すものとします。

3　IFRSサステナビリティ開示基準との比較

　ESRSとIFRSサステナビリティ開示基準は，ともにサステナビリティ情報の開示を要求しており，共通点が多くあります。ただし，ESRSは，ダブルマテリアリティの考え方によるマテリアリティ評価を求めており，リスクおよび機会だけでなく，インパクトに関する情報を求める点でIFRSサステナビリティ開示基準とは異なっています（ESRS 1.2, 21）。また，ESRSには，2つのトピック横断的な基準に加え，10個のトピック別の基準が含まれています。このため，2025年3月時点でトピック別の基準がIFRS S2号「気候関連開示」のみであるIFRSサステナビリティ開示基準と比べて，より広範なトピックについて具体的な報告事項が示されている点が特徴的です。

　ESRSとIFRSサステナビリティ開示基準との相違（特にESRS E1号とIFRS S2号との相違）については，**Q47**でより詳しく解説しています。

第2章　ESRS：全般的な基準　　**33**

Q12 ESRSの全体像

2023年7月に最終化されたESRSはどのような構成となっているのでしょうか？　また，これにより，どのような情報を開示する必要があるのでしょうか？

A.　2023年7月に最終化されたESRSは，2つのトピック横断的な基準と10個のトピック別の基準によって構成されています。企業は，これらの基準に従い，4つの報告領域について開示を行うことが求められています。

解 説

1　ESRSの構成

2023年7月に最終化されたESRSは，2つのトピック横断的な基準と10個のトピック別の基準から構成されています。これらは，企業が属するセクターにかかわらず，すべての報告企業に適用されます。

また，Q11の解説で記載したとおり，EUでは今後，これらに加えてセクター別の基準の開発も予定されており，これも今後，ESRSを構成するものとされています。セクター別の基準では，トピック別の基準で詳細に定められていないものの，特定のセクターに属するすべての企業にとって重要性があると想定されるインパクト，リスクおよび機会（以下，本書を通じて「IRO」という。）について開示すべき情報が定められることが予定されています。各セクターに属する企業は該当するセクターの要求事項を適用することが要求され，これによって開示情報の比較可能性を高めることにつながることが予定されています（ESRS 1.4, 10）。

トピック横断的な基準には，ESRS1号およびESRS2号が該当します。このうち，ESRS1号はESRSの構成，基本的な概念およびCSRDに準拠してサステナビリティ情報を作成・表示する際の全般的な要求事項について定めています。また，ESRS2号は企業が属するセクターや報告するトピックの種類にか

かわらず，企業が報告すべきサステナビリティ情報に係る開示要求を定めています。これらの基準は，トピック別の基準およびセクター別の基準によって定められているサステナビリティ課題に対して適用されます（ESRS 1.5-7）。

トピック別の10個の基準は，CSRDで示されている事項について，各基準がそれぞれのトピック（およびサブトピック，サブ・サブトピック）を対象としています（ESRS 1.8）。

ESRSの構成は，**図表12−1**のようにまとめられます。

図表12−1 ESRSの構成

区　分	ESRS	適用対象企業	本書における解説
トピック横断的な基準（2つの基準）	ESRS 1 号「全般的要求事項」，2 号「全般的開示」	すべての企業	第2章
トピック別の基準（10個の基準）	Eの関連：E1号「気候変動」，E2号「汚染」，E3号「水および海洋資源」，E4号「生物多様性および生態系」，E5号「循環型経済」（5つの基準）	すべての企業	第3章
	Sの関連：S1号「自社の労働者」，S2号「バリューチェーンにおける労働者」，S3号「影響を受けるコミュニティ」，S4号「消費者およびエンドユーザー」（4つの基準）		
	Gの関連：G1号「企業行動」（1つの基準）		
セクター別の基準	2026年6月末までに開発予定	各セクターに属する企業	―

（出所：ESRSに基づきKPMG作成）

2　4つの報告領域に関する開示

ESRSにおける開示要求は，**図表12−2**のように，4つの報告領域，すなわち，①ガバナンス，②戦略，③IROの管理，④指標および目標により構成されています。この報告領域は，TCFD提言やIFRSサステナビリティ開示基準と概ね同様ですが，相違点もあります。例えば，ESRSにおいては，ダブルマテリアリティを採用しているため，リスクおよび機会だけでなく，インパクトに

関する情報についても開示が求められています（ESRS1.12）。

図表12－2 ESRSと4つの報告領域

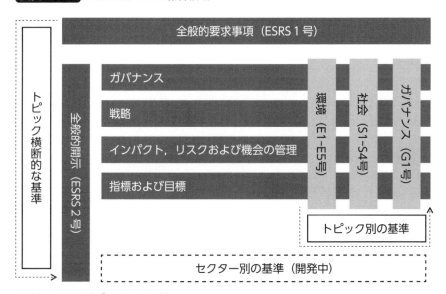

（出所：ESRSに基づきKPMG作成）

3　ESRSにおける開示要求とデータポイント

　ESRS適用ガイダンス（Implementation Guidance）第3号「ESRSにおけるデータポイントの一覧」によると，ESRSでは，全体で82個の開示要求が定められているほか，783個の開示すべき情報（データポイント）が定められています。ESRS適用ガイダンス第3号で示されている情報を踏まえると，開示要求とデータポイントは，**図表12－3**のように示すことができます。

図表12−3 ESRSにおける開示要求とデータポイント

基　準	開示要求の数	データポイント数			
		合　計	定性情報	定性＋定量情報	定量情報
ESRS 2号	12	127	89	14	24
ESRS E1号	9	187	51	25	111
ESRS E2号	6	44	18	2	24
ESRS E3号	5	27	17	2	8
ESRS E4号	6	54	36	14	4
ESRS E5号	6	42	24	3	15
ESRS S1号	17	127	61	22	44
ESRS S2号	5	47	40	7	–
ESRS S3号	5	45	40	5	–
ESRS S4号	5	44	39	5	–
ESRS G1号	6	39	25	6	8
合計	82	783	440	105	238

（出所：ESRSおよびESRS適用ガイダンス第３号に基づきKPMG作成）

第2章　ESRS：全般的な基準　　**37**

Q13　トピック別の基準で示されているサステナビリティ課題

トピック別の基準では，どのようなサステナビリティ課題について開示すべき情報が定められているのでしょうか？

A. 　　トピック別の基準では，CSRDに基づき環境（E），社会（S），ガバナンス（G）に関するサステナビリティ課題について開示すべき情報が定められています。

具体的には，Eについて5つのトピック（気候変動，汚染，水および海洋資源，生物多様性および生態系，循環型経済），Sについて4つのトピック（自社の労働者，バリューチェーンにおける労働者，影響を受けるコミュニティ，消費者およびエンドユーザー），Gについては1つのトピック（企業行動）について開示すべき情報が定められています。

解 説

ESRSには10個のトピック別の基準があり，各基準において，環境（E），社会（S），ガバナンス（G）について開示すべき情報が定められています。

具体的には，Eについて5つのトピック（気候変動，汚染，水および海洋資源，生物多様性および生態系，循環型経済），Sについて4つのトピック（自社の労働者，バリューチェーンにおける労働者，影響を受けるコミュニティ，消費者およびエンドユーザー），Gについては1つのトピック（企業行動）について開示すべき情報が定められています。また，各基準におけるトピックは，サブトピック，サブ・サブトピックに分解されます（ESRS 1.AR16）。トピック，サブトピック，サブ・サブトピックの全体像については，**図表13−1**をご参照ください。

図表13-1 トピック別の基準におけるサステナビリティ課題

トピック別の基準	サステナビリティ課題		
	トピック	サブトピック	サブ・サブトピック
E1	気候変動	気候変動への適応，気候変動の緩和，エネルギー	―
E2	汚染	大気汚染，水質汚染，土壌汚染，生体・食品資源の汚染，環境負荷物質，高懸念物質，マイクロプラスチック	―
E3	水および海洋資源	水，海洋資源	水の消費量，水の取水量，水の排水量，海洋への排水量，海洋資源の採取および利用
E4	生物多様性および生態系	生態系の損失の直接的なインパクト要因	気候変動，土地利用等の変更，直接的な開発，侵略的外来種，汚染，その他
		種の状況に対するインパクト	例：種の母集団の規模，種の絶滅リスク
		生態系の状況に対するインパクト	例：土地の劣化，砂漠化，土壌被覆
		生態系サービスに関するインパクトおよび依存	―
E5	循環型経済	資源のインフロー，製品およびサービスに関連する資源のアウトフロー，廃棄	―
S1	自社の労働者	労働条件	雇用の確保，労働時間，適正賃金，ソーシャルダイアローグ，結社の自由，団体交渉，ワークライフバランス，健康および安全
		平等な取扱いおよび機会の提供	性別の平等，同一価値労働同一賃金，研修および能力開発，障がい者の雇用，暴力およびハラスメントに対する措置，多様性
		その他の労働関連の権利	児童労働，強制労働，適切な住居，プライバシー
S2	バリューチェーンにおける労働者	労働条件	雇用の確保，労働時間，適正賃金，ソーシャルダイアローグ，結社の自由，団体交渉，ワークライフバランス，健康および安全
		平等な取扱いおよび機会の提供	性別の平等，同一価値労働同一賃金，研修および能力開発，障がい者の雇用，ハラスメントに対する

第2章　ESRS：全般的な基準　　39

			措置，多様性
		その他の労働関連の権利	児童労働，強制労働，適切な住居，水および衛生，プライバシー
S3	影響を受けるコミュニティ	コミュニティの経済的・社会的・文化的な権利	適切な住居，十分な食品，水および衛生，土地関連のインパクト，安全関連のインパクト
		コミュニティの市民としての権利・政治的権利	言論の自由，集会の自由，人権擁護者に関するインパクト
		先住民族の権利	自由で事前の情報に基づく合意，自己判断，文化的権利
S4	消費者およびエンドユーザー	消費者およびエンドユーザーに対する情報関連のインパクト	プライバシー，言論の自由，情報へのアクセス
		消費者およびエンドユーザーの個人としての安全性	健康および安全，個人の安全，児童保護
		消費者およびエンドユーザーの社会的な包摂	差別の撤廃，製品およびサービスへのアクセス，責任あるマーケティングの実務
G1	企業行動	企業文化，公益通報者の保護，動物福祉，ロビー活動，サプライヤーとの関係の管理	―
		腐敗および贈収賄	予防および発見（研修を含む。），事案

（出所：ESRS 1.AR16に基づきKPMG作成）

　トピック別の基準では，ESRS 1号における全般的な要求事項に加え，トピック固有の要求事項が定められています。これには，IROの管理に関連する各サステナビリティ課題に対する方針，アクションに関する要求事項のほか，各サステナビリティ課題に関する指標および目標に関する要求事項が含まれます（ESRS 1.9）。

Q14 ESRS 1 号の定め

ESRS 1 号「全般的要求事項」では，どのような事項が定められていますか？

A. ESRS 1 号では，ESRSの構成，起草方針，基本的な概念およびCSRDに準拠してサステナビリティ情報を作成・表示する際の全般的な要求事項について定められています。ESRS 1号の内容を正しく理解することは，ESRSに準拠してサステナビリティ情報を作成・表示するうえで不可欠です。

解 説

1 ESRS 1 号の概要

ESRS 1 号では，ESRSの構成，起草方針，基本的な概念およびCSRDに準拠してサステナビリティ情報を作成・表示する際の全般的な要求事項について定められています（ESRS 1.3, 6）。ESRS 1 号は，ESRS 2 号と同様にトピック横断的な基準であり，どのようなサステナビリティ課題やセクターを対象とするかにかかわらず，ESRSに準拠してサステナビリティ情報を作成する際に適用されます（ESRS 1.5）。

ESRSにおけるESRS 1 号の位置付けは，**図表14－1**のように示すことができます。

第2章　ESRS：全般的な基準　41

図表14−1　ESRS1号の位置付け

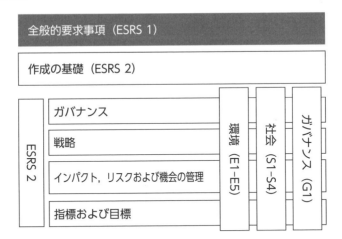

(出所：ESRSに基づきKPMG作成)

2　ESRS1号の具体的な内容

ESRS1号では，以下の内容について示されています。

- ESRSの構成，報告領域および起草方針
- 基本的な概念（情報の質的特性，ダブルマテリアリティ，デュー・デリジェンス，バリューチェーン，時間軸）
- CSRDに準拠してサステナビリティ情報を作成・表示する際の全般的な要求事項（サステナビリティ情報の作成と表示，サステナビリティステートメントの構成，企業報告の他のパートとの関連，経過措置）

ESRS1号の構成については，**図表14−2**をご覧ください。

| 図表14-2 | ESRS 1 号の構成 |

ESRS 1 号の構成	本書における解説
1. ESRSの構成，報告領域および起草方針	Q12
2. 情報の質的特性	Q16
3. サステナビリティ開示の基礎となるダブルマテリアリティ	Q18～Q21
4. デュー・デリジェンス	Q22
5. バリューチェーン	Q24～Q26
6. 時間軸	Q27
7. サステナビリティ情報の作成と表示	Q28～Q30
8. サステナビリティステートメントの構成	Q31
9. 企業報告の他のパートとの関連，情報のつながり	Q32
10. 経過措置	Q40

（出所：ESRS 1 号に基づきKPMG作成）

　ESRS 1 号はESRSの基本的な概念を示したものであり，この内容を正しく理解することはESRSに準拠してサステナビリティ情報を作成・表示するうえで不可欠です。このため，本書では，**図表14-2**で示したように，多くの点について解説しています。詳細については，それぞれのQ&Aで示した説明をご参照ください。

第2章　ESRS：全般的な基準　　**43**

Q15 企業固有の情報の開示

ESRSの各基準で示されている個別の開示要求に基づいて開示すれば，全体としてESRSに準拠したことになるのでしょうか？

A. いいえ。全体としてESRSに準拠するためには，企業は各基準で示されている個別の開示要求で示されている情報に加えて，必要に応じて企業固有の開示を追加で行うことが必要です。

解 説

Q12で解説したように，ESRSは，トピック横断的な基準，トピック別の基準，セクター別の基準によって構成されることとされています。全体としてESRSに準拠するためには，企業はこれらのうち基準で示される該当する開示要求のすべてに準拠することが必要です。

しかし，あるサステナビリティ課題に関連する重要性があるIROについて開示すべき情報がトピック別の基準やセクター別の基準で定められていない，または十分な粒度で定められていないものの，企業固有の事実および状況に照らして重要性があると判断されることがあります。こうした場合，企業は重要性があると判断したIROについて，利用者の理解に資する追加的な企業固有の開示を行う必要があります（ESRS 1.11）。

企業固有の開示を行う際，開示される情報は質的特性（**Q16**参照）を満たす必要があるほか，それらの情報は4つの報告領域に関する情報（すなわちガバナンス，戦略，IROの管理，指標および目標）を含んでいる必要があります。

また，開示する指標の選定にあたっては，(1)企業の実務が人々や環境に対するマイナスの影響を減じさせたりプラスの影響を生じさせたりするうえでどの程度効果的か，および／または，企業の実務が企業に対する財務影響につながる可能性がどの程度あるかについて洞察を与えるものであるか，(2)測定された数値に十分な信頼性があるか，(3)背景情報が十分に開示されているかについて考慮することが求められます（ESRS 1.AR3）。

企業固有の追加的な開示を行う場合，企業間の比較可能性と期間を通じた比

較可能性について慎重に考慮することが必要とされています（ESRS 1.AR4）。また，追加で開示しようとするサステナビリティ課題と類似するサステナビリティ課題がトピック別の基準である場合，当該基準における要求事項について考慮することも有用と考えられます（ESRS 1.AR5）。

企業固有の開示に関するイメージ図は，**図表15－1**をご参照ください。

図表15－1 企業固有の開示に関するイメージ

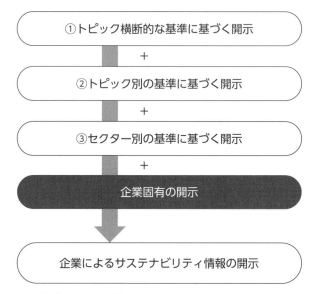

(出所：ESRS 1 号に基づきKPMG作成)

第2章　ESRS：全般的な基準　　**45**

Q16 開示情報が備えるべき質的特性

ESRSでは，サステナビリティステートメントにおいて開示するサステナビリティ情報はどのような質的特性を備えている必要があるとされていますか？

A. サステナビリティステートメントにおいて開示する情報は，「関連性」と「忠実な表現」という基本的な特性を備えている必要があるとされています。また，「比較可能性」，「検証可能性」，「理解可能性」が「補強的な特性」として位置付けられています。

解 説

1　基本的な質的特性

ESRS 1 号では，企業に対して，ESGのサステナビリティ課題に関して重要性があるIROに関する情報を開示することが要求されています。また，ESRSに準拠して開示される情報は，サステナビリティステートメントの利用者にとって，企業が人々および環境に与える重要性があるインパクト，サステナビリティ課題が企業の動向，パフォーマンスおよび状態に生じさせる重要性がある影響を理解することを可能にするものであることが想定されています（ESRS 1.2）。

ESRSでは，こうした開示を達成するため，サステナビリティステートメントにおいて開示する情報が表現しようとしている事項について「関連性」があり，また「忠実に表現」されていることが必要であるとされています。これらの特性は，サステナビリティ報告において開示される情報が有用であるための「基本的な質的特性」とされています（ESRS 1.19）。

(1)　「関連性がある」情報であること（ESRS 1.QC1-2）

サステナビリティ情報の利用者がダブルマテリアリティのアプローチにおいて行う意思決定に相違を生じさせる可能性がある場合，当該情報は「関連性が

ある」とされています。また，情報に予測価値，確認価値またはその両方がある場合，意思決定に相違を生じさせる可能性があるとされています。

(2) 「忠実に表現される」こと（ESRS 1.QC5）

開示される情報が有用であるためには，当該情報に関連性があるだけでなく，表現しようとする事象の実態を忠実に表現するものである必要があります。この点，忠実な表現であるためには，情報が「完全（complete）」で「中立的」で「正確」な描写がされているものである必要があります。

2　補強的な質的特性

ESRSに準拠して作成され，サステナビリティステートメントにおいて表示される情報は，基本的な質的特性に加えて，以下の3つの補強的な質的特性を満たすものである必要があります（ESRS 1.Appendix B柱書き）。

(1)　比較可能性（ESRS 1.QC10）

過年度に企業が提供した情報，および他の企業，特に類似した活動を行っている企業または同じ産業で事業を営んでいる企業が提供した情報と比較することができる場合，情報は比較可能性があるとされています。

(2)　検証可能性（ESRS 1.QC14）

さまざまな知識を有する独立した観察者が，必ずしも完全な一致ではないとしても，特定の描写が忠実な表現であるという合意に達することができる場合，情報は検証可能性があるとされています。

(3)　理解可能性（ESRS 1.QC16）

サステナビリティ情報が理解可能であるためには，それが簡潔かつ明瞭である必要があります。

3　IFRSサステナビリティ開示基準との比較

IFRSサステナビリティ開示基準においても，IFRS S1号のAppendix Dにお

いて，有用なサステナビリティ関連財務情報の質的特性が示されたうえで，「基本的な質的特性」と「補強的な質的特性」に区分して説明がされています。また，サステナビリティ関連財務情報が有用であるためには，情報に「関連性」があるものであるほか，表現しようとしている事象を「忠実に表現」するものである必要があるとして説明がされています（IFRS S1.D3）。

このように，ESRSにおける定めとIFRSサステナビリティ開示基準における定めは，「基本的な質的特性」の説明に関して整合しています。他方，IFRSサステナビリティ開示基準では，ESRSで示されている「補強的な質的特性」に加え，「適時性」が特性として示されており，この点が両者で相違します。ただし，これはESRSではサステナビリティステートメントの開示期限が法令で定められており，企業が適用する質的特性としては必要ないため記載されなかったと考えられ，情報の質的特性に関して両基準間で実質的な相違はないとも考えられます。

Q17 ESRSに基づく開示情報の作成フロー

ESRSに基づく開示情報の作成フローについて教えてください。

A. ESRSに基づく開示情報の作成フローは，以下のように表すことができます。

- ステップ1：報告企業を識別する。
- ステップ2：ダブルマテリアリティ評価に基づいて報告企業にとって重要性があるIROを識別し，報告対象とすべきサステナビリティ課題を決定する。
- ステップ3：報告対象とされたサステナビリティ課題について開示すべき情報を識別する。
- ステップ4：開示すべきとされた情報を踏まえてサステナビリティステートメントを作成し，マネジメントレポートの独立した記載欄において開示する。

解説

ESRSに基づく開示情報の作成フローは，**図表17－1**のように整理できます。以下では，このフローに沿ってポイントを説明します。

【ステップ1】報告企業を識別する

サステナビリティステートメントにおける報告企業は，財務諸表における報告企業と同一とされています（ESRS 1.62）。ただし，サステナビリティステートメントには，企業のバリューチェーン全体における直接または間接の事業上の関係を通じて企業と関係を有する重要性があるIROに関する情報が含まれます（ESRS 1.63）。

バリューチェーン情報に関する詳細については，**Q24**をご参照ください。

第2章 ESRS：全般的な基準　　**49**

【ステップ2】 ダブルマテリアリティ評価に基づいて報告企業にとって重要性があるIROを識別し，報告対象とすべきサステナビリティ課題を決定する

　企業は，影響を受けるステークホルダーとの対話等を通じて，ダブルマテリアリティの考え方に従ってマテリアリティ評価（ダブルマテリアリティ評価）を実施し，重要性があるIROを識別する必要があります（ESRS 1.22, 24, 25）。また，識別した重要性があるIROに関連して報告対象とすべきサステナビリティ課題を決定します。

　ダブルマテリアリティ評価に関する詳細についてはQ18～Q20，ステークホルダーとの対話に関する詳細についてはQ21をご参照ください。

【ステップ3】 報告対象とされたサステナビリティ課題について開示すべき情報を識別する

　ステップ2を踏まえて報告対象とされたサステナビリティ課題がトピック別の基準やセクター別の基準の対象とされている場合，該当する基準の開示要求に従って開示すべき情報を決定します。また，サステナビリティ課題がトピック別の基準やセクター別の基準の対象とされていない場合，企業固有の追加で開示すべき情報を決定します（ESRS 1.30）。

　企業固有の追加で開示すべき情報の決定についてはQ15を，開示すべき情報の決定に関する詳細についてはQ23をご参照ください。

【ステップ4】 開示すべきとされた情報を踏まえてサステナビリティステートメントを作成し，マネジメントレポートの独立した記載欄において開示する

　企業は，ステップ3を踏まえて開示すべきとされた情報を踏まえてサステナビリティステートメントを作成し，マネジメントレポートに独立した記載欄を設けて開示することが要求されています（ESRS 1.110）。

　サステナビリティステートメントにおける開示の詳細については，Q31をご参照ください。

50

図表17-1　ESRSに基づく開示情報の作成フロー

【ステップ1】

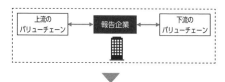

【ステップ2】

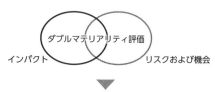

【ステップ3】

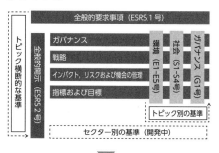

【ステップ4】

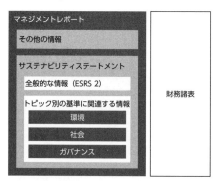

(出所：ESRS1号に基づきKPMG作成)

第2章　ESRS：全般的な基準　　**51**

2－2 マテリアリティ評価

Q18 ダブルマテリアリティ

　ESRSにおいて，サステナビリティ課題に「重要性がある（マテリアル）」かどうかは，どのように判断すべきでしょうか？

A.　ESRSでは，ダブルマテリアリティの考え方に従ってマテリアリティ評価を実施することが求められています。

　すなわち，サステナビリティ課題は，環境や人々に対するインパクトという観点から重要か（Impact materiality），および財務上の観点から重要か（Financial materiality）の双方を考慮して判断する必要があり，いずれかまたは両方の観点から重要であると判断する場合，当該事項について開示することが求められています。

解 説

　ESRSでは，ダブルマテリアリティの考え方に従ってマテリアリティ評価（以下「ダブルマテリアリティ評価」という。）を実施することが求められています（ESRS 1.21）。これは，サステナビリティ課題に関するインパクトに関する情報，およびサステナビリティ課題がどのように企業の動向，パフォーマンスおよび状態に影響を生じさせるかに関する情報を報告することを，CSRDが求めているためです（会計指令19a条1項, 29a条1項）。

1　インパクトマテリアリティ

　ESRSにおいて，インパクトとは企業が人々や環境に及ぼす，あるいは及ぼしうる影響とされています。インパクトには，実際に生じているものと潜在的なものの双方を含むほか，マイナスのインパクトだけではなく，プラスのインパクトも含まれます（ESRS 1.14, ESRSの委任規則－ANNEXⅡ）。

インパクトマテリアリティの評価においては，サステナビリティ課題は，企業が人々や環境に対して実際に生じたインパクトまたは短期・中期・長期にわたって生じさせる可能性がある潜在的なインパクトに，プラスまたはマイナスの観点から重要性がある場合，重要性がある（マテリアル）と判断されます（ESRS 1.43）。

このように，インパクトマテリアリティの考え方は，企業活動が人々や環境にどのような影響を与えるかという観点から開示すべき情報を判断するという考え方（しばしば「インサイド・アウト」の考え方ともいわれる。）であり，特に消費者，従業員，ビジネスパートナー，地域コミュニティへの情報提供の観点と親和性が高いと考えられます。

2　財務上のマテリアリティ

ESRSでは，サステナビリティ課題が企業に対して重要性がある財務影響を生じさせることが合理的に予想されうる場合，当該サステナビリティ課題は財務的な観点で重要性があると判断されます。これは，サステナビリティ課題がリスクまたは機会を生じさせ，それらが企業の動向，財政状態，財務業績，キャッシュ・フロー，資金へのアクセスまたは資本コストに対して短期・中期・長期にわたって重要性がある影響を生じさせることが合理的に予想されうる場合を指します（ESRS 1.49）。また，ESRSは，リスクは環境，社会またはガバナンスの事項から生じるマイナス（negative）の財務影響に関連するサステナビリティ関連のリスクとされている一方，機会はプラス（positive）の財務影響に関連するサステナビリティ関連の機会とされています（ESRSの委任規則 – Annex II）。

これらを踏まえ，財務上のマテリアリティの評価においては，ある情報に脱漏や誤謬があるか，または当該情報が他の情報に覆い隠されていることによって，企業のサステナビリティステートメントに基づいて意思決定を行う一般目的財務報告の主要な利用者の判断に影響を及ぼすことが合理的に予想されうる場合，当該情報は財務上の観点から重要性がある（マテリアル）と判断されます（ESRS 1.48）。この説明は，IFRSサステナビリティ開示基準における重要性の評価に関する説明と概ね整合的です。

上記を踏まえ、サステナビリティ課題が、企業に対して短期・中期・長期にわたって財務的に重要性がある影響を生じさせる場合、当該課題は財務上、重要性があると判断されます（ESRS 1.49）。

財務上のマテリアリティの考え方は、サステナビリティ課題が企業に対して財務上どのような影響を与えるかという観点から開示すべき情報を判断するという考え方（しばしば「アウトサイド・イン」の考え方ともいわれる。）であり、特に投資家への情報提供の観点と親和性が高いと考えられます。

図表18－1 ダブルマテリアリティ

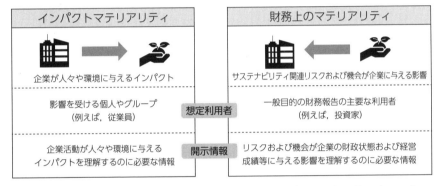

（出所：欧州委員会が公表した「Guidelines on non-financial reporting: Supplement on reporting climate-related information」（2019年）およびESRSを参照してKPMG作成）

3　EFRAGによる適用ガイダンス第1号「マテリアリティ評価」

ESRSの適用においてマテリアリティ評価はきわめて重要である一方、実施にあたっては主観的な要素が多く含まれます。このため、EFRAGは、2024年5月にESRSに関する適用ガイダンス第1号－EFRAG IG1「マテリアリティ評価」（以下「適用ガイダンス第1号」または「EFRAG-IG1」という。）を公表しています。

EFRAG-IG1では、マテリアリティ評価にあたって重要な13のポイントが示されているほか、重要と考えられる点についてQ&A形式で回答を示しています。

Q19 インパクトマテリアリティの評価

ESRSの適用にあたって、インパクトマテリアリティはどのような要因を考慮して評価すべきでしょうか？

A. インパクトマテリアリティの評価において考慮すべき要因は①マイナスのインパクトとプラスのインパクトのいずれか、および②実際に生じたインパクトと潜在的なインパクトのいずれかによって異なります。

仮に潜在的なマイナスのインパクトについて評価する場合、インパクトの深刻さと発生可能性を考慮して評価を実施します。

解 説

1 インパクトマテリアリティ評価のステップ

インパクトマテリアリティを評価し、報告するサステナビリティ課題を決定するにあたり、企業は**図表19－1**に記載の3つのステップを考慮する必要があります（ESRS 1.AR9）。

図表19－1 インパクトマテリアリティ評価における3つのステップ

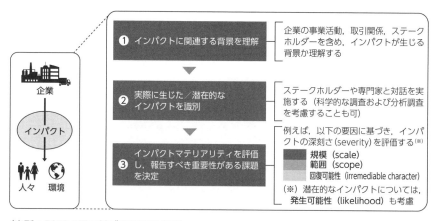

（出所：ESRS 1号に基づきKPMG作成）

第2章　ESRS：全般的な基準　**55**

　インパクトマテリアリティ評価にあたっては，自社の事業に関するインパクトだけでなく，上流および下流のバリューチェーンに関するインパクトも考慮する必要があります（ESRS 1.43）。開示すべきバリューチェーン情報の決定において考慮すべき事項については，**Q24**をご参照ください。

2　インパクトマテリアリティの評価において考慮すべき要因

　インパクトマテリアリティの評価において考慮すべき要因はマイナスのインパクトとプラスのインパクトのいずれか，および実際に生じたインパクトと潜在的なインパクトのいずれかによって異なります。これは，**図表19-2**のように示すことができます（ESRS 1.45, 46）。

図表19-2　インパクトマテリアリティの評価において考慮すべき要因

区　分	時間軸	考慮すべき要因①	考慮すべき要因②
マイナスのインパクト	実際に生じた	深刻さ（規模，範囲，回復可能性）	―
	潜在的な	同上	発生可能性
プラスのインパクト	実際に生じた	規模および範囲	―
	潜在的な	同上	発生可能性

（出所：ESRS 1号に基づきKPMG作成）

　上記の「考慮すべき要因」のうち，「深刻さ（severity）」は，規模，範囲，回復可能性の3つの要因によって構成されています。これらは，それぞれ以下を意味するものです。

- 規模（scale）：マイナスのインパクトがどの程度の害を及ぼすか，およびプラスのインパクトがどの程度のプラスのインパクトをもたらすか
- 範囲（scope）：インパクトが影響する範囲はどの程度広範か
- 回復可能性（irremediable character）：マイナスのインパクトを回復できるか，またその程度

　また，インパクトマテリアリティ評価にあたっては，マイナスのインパクトに焦点が当たりがちですが，プラスのインパクトの観点から評価する必要があ

る点についても留意が必要です。

3　インパクトマテリアリティ評価の例

　EFRAG-IG1では，マテリアリティ評価の実施について図表を用いて説明がされています。例えば，実際に生じたマイナスのインパクトの深刻さは，**図表19－3**のような形で評価することが考えられる旨が示されています。

図表19－3　実際に生じたマイナスのインパクトの評価（例）

深刻さの3つの要因

マイナスの インパクト	規模	範囲	回復可能性	インパクトは マテリアルか
インパクト1	2	3	1	No
インパクト2	3	5	1	Yes
インパクト3	4	4	3	Yes
・・・				
インパクトN	5	1	3	Yes

深刻さの評点（5段階）

低（1）	（2）	中（3）	（4）	高（5）

（出所：EFRAG-IG1 Figure4に基づきKPMG作成）

　また，潜在的なマイナスのインパクトについては，インパクトの深刻さについて評価を踏まえたうえで，**図表19－4**のように深刻さと発生可能性の2軸で評価することが考えられる旨が示されています。

第2章　ESRS：全般的な基準　57

図表19－4　潜在的なマイナスのインパクトの評価（例）

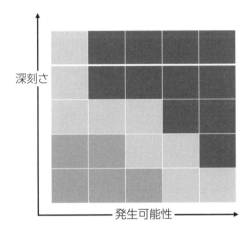

(出所：EFRAG-IG1 Figure5に基づきKPMG作成)

58

Q20 財務上のマテリアリティの評価

ESRSの適用にあたって，財務上のマテリアリティはどのような要因を考慮して評価すべきでしょうか？

A. 財務上のマテリアリティの評価において，リスクおよび機会から生じうる財務的な影響の大きさと発生可能性に基づいて評価されます。

解説

1 財務上のマテリアリティの評価のステップ

財務上のマテリアリティの評価は，インパクトマテリアリティの評価と切り離せるものではなく，両者は密接に関連しています。実務的には，通常，インパクトマテリアリティの評価を実施しつつ，財務上のマテリアリティの評価において考慮すべきリスクおよび機会を識別していくものと考えられます（ESRS 1.38）。

財務上のマテリアリティの評価にあたっては，サステナビリティ課題が企業の動向，財政状態，財務業績，キャッシュ・フロー，資金へのアクセスまたは資本コストに対して短期・中期・長期にわたって重要性がある影響を生じさせることが合理的に予想されうるようなリスクまたは機会を識別することが出発点となりますが，その際，自然資本および社会資本への依存の存在について考慮することが必要とされています（ESRS 1.AR14）。

識別されたリスクおよび機会から生じる財務影響の大きさと発生可能性に基づいて財務上のマテリアリティについて評価が実施されます（ESRS 1.51）。その際，企業は，短期・中期・長期にわたって発生することが考えられる（deemed likely to materialize）シナリオや予想のほか，発生する確率が5割まではないと考えられるものや財務諸表に認識されていない状況から生じるサステナビリティ課題に関連する予想される財務影響を踏まえたリスクについても考慮することが要求されています（ESRS 1.AR15）。

上記を踏まえると，財務上のマテリアリティの評価のステップは，**図表20**

第2章 ESRS：全般的な基準　59

－1のように示すことができます。

図表20－1 財務上のマテリアリティの評価ステップ

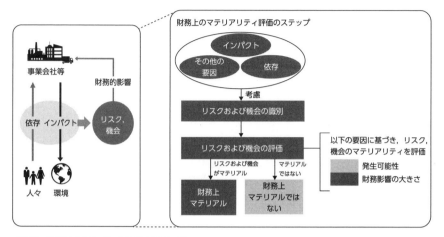

（出所：ESRS 1 号に基づきKPMG作成）

2　財務影響の評価の例

　ESRS 1 号やEFRAG-IG1における記載を踏まえると，今後生じる可能性がある潜在的な財務影響の評価は，一例として，**図表20－2**のように示すことが考えられます。

図表20－2 財務影響の評価（例）

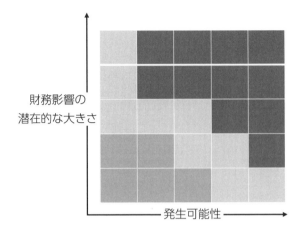

(出所：EFRAG-IG1における説明に基づきKPMG作成)

Q21 ステークホルダーとの対話

ステークホルダーとの対話は，マテリアリティ評価においてどのように考慮されますか？

A. ステークホルダーとの対話は，デュー・デリジェンスのプロセスおよびマテリアリティ評価において中心となるものです。

インパクトマテリアリティの評価にあたっては影響を受けるステークホルダーとの対話が有用であるほか，財務上のマテリアリティの評価にあたっては，これに加え利用者との対話が有用と考えられます。

解説

1 ステークホルダーとは？

ESRSにおいて，ステークホルダーとは，企業に影響を及ぼす人々，または企業から影響を受ける人々とされており，主に以下の2つのグループに分類されています（ESRS 1.22，ESRSの委任規則 – ESRS Annex Ⅱ）。

- 影響を受けるステークホルダー：企業活動やバリューチェーンにおける直接的または間接的な事業上の関係により，関心となる事項が影響を受ける，または影響を受ける可能性がある個人またはグループ
- サステナビリティステートメントの利用者：一般財務報告目的の主要な利用者（例：投資家，融資者，その他の債権者）およびその他のサステナビリティステートメントの利用者（例：取引先，業界団体，市民社会，非政府組織，政府，アナリスト，学者）

上記の分類は，特定のステークホルダーが1つの区分のみに分類されるというものではなく，両方の区分に分類される場合もあります（ESRS 1.23）。

2 ステークホルダーとの対話の位置付け

ESRSでは，ステークホルダーとの対話を実施すること自体は明示的に要求

されていませんが，ステークホルダーとの対話がデュー・デリジェンスのプロセスおよびマテリアリティ評価において中心となるものとして説明されています（ESRS 1.24）。こうした認識の下，ESRSでは，人々や環境に対して実際に生じたか，または潜在的なインパクトについて企業が識別，評価，優先順位付け，モニタリングするプロセスに関する説明に関して，影響を受けるステークホルダーや外部の専門家と協議を実施したか，またどのように実施したかに関する情報の開示を要求しています（ESRS 2.53(b)(iii)）。

マテリアリティ評価の実施におけるステークホルダーとの対話の位置付けについては，適用ガイダンス第1号において以下のような説明がされています。

① インパクトマテリアリティの評価との関連

適用ガイダンス第1号では，ステークホルダーとの対話についてインパクトマテリアリティの評価との関連で以下のような説明がされています（EFRAG-IG1.104, 106, 107, 108）。

- 影響を受けるステークホルダーとの対話は，企業と関連する人々や環境に対して実際に生じたインパクトまたは潜在的なインパクトについて証拠や洞察を提供する可能性があること
- マテリアリティ評価の実施にあたって，企業は影響を受けるステークホルダーとの既存の対話を活用することができるほか，報告プロセスにおいて個別にステークホルダーとの対話を行うこともありうること
- 影響を受けるステークホルダーとの対話をマテリアリティ評価における各ステップ（背景の理解，IROの識別，重要性があるIROの評価）において個別に実施する必要はないこと
- 影響を受けるステークホルダーと対話をすることが不可能な場合，それを代表するNGOと対話する等，適切な代替措置を検討することが考えられること

② 財務上のマテリアリティの評価との関連

適用ガイダンス第1号では，上記に加え，財務上のマテリアリティの評価との関連で以下のような説明がされています（EFRAG-IG1.112, 113）。

- 影響を受けるステークホルダーとの対話に加えて，利用者と対話を実施することにより，サステナビリティ課題の財務上のマテリアリティの評価にあたって補完的な証拠が提供される可能性があること
- 利用者との対話において，投資家以外の利用者と対話を実施することによって，重要性があるインパクトをどのように管理しているかを評価するうえでサステナビリティ情報が有用なものとなる可能性があること

図表21-1 ステークホルダーとの対話（イメージ）

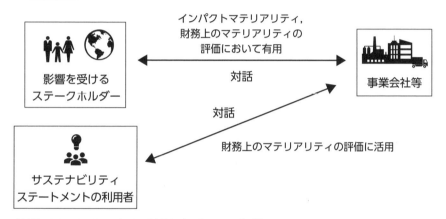

（出所：EFRAG-IG1における説明を踏まえKPMG作成）

デュー・デリジェンスの実施

ESRSでは，サステナビリティに関するデュー・デリジェンスの実施が要求されていますか？

A. いいえ。ESRSでは，サステナビリティに関するデュー・デリジェンスの実施は要求されておらず，またその実施方法について特定の定めは設けられてはいません。

解説

サステナビリティに関するデュー・デリジェンスとは，企業が人々や環境に与えるマイナスのインパクトを識別，防止，緩和し，どのように対処したかを報告するプロセスのことです（ESRS 1.59）。

ESRSでは，デュー・デリジェンスの実施は要求されておらず，またその実施方法について特定の定めは設けられていません。しかし，ESRSでは，デュー・デリジェンスの成果は企業が重要性のあるIROを評価するうえで有用な情報を提供するとされています（ESRS 1.58）。

デュー・デリジェンスの対象には，自社の事業だけでなく，バリューチェーンも含まれます。デュー・デリジェンスの具体的なプロセスは「国連のビジネスと人権に関する指導原則」や「OECDの多国籍企業ガイドライン」等の国際的な文書で示されています。デュー・デリジェンスには，マイナスのインパクトの識別および評価が含まれており，デュー・デリジェンスのプロセスの結果は，マテリアリティ評価におけるIROの識別および評価に役立ちます（ESRS 1.58, 60）。このため，ESRS 2号やトピック別の基準の開示要求には，デュー・デリジェンスのステップにおけるコアな要素が組み込まれています（ESRS 1.61）。

ESRSでは，デュー・デリジェンスのプロセスについて，**図表22－1**のような例示的な説明が示されています。デュー・デリジェンスについては，**Q85**および**Q86**をご参照ください。

第 2 章　ESRS：全般的な基準　　**65**

図表22-1　デュー・デリジェンスのステップ

1	サステナビリティのデュー・デリジェンスを**ガバナンス，戦略，ビジネスモデル**に**組み込む**
2	**影響を受けるステークホルダーと対話**を実施する
3	人々や環境に対する**マイナスのインパクトを識別・評価**する
4	**マイナスのインパクトに対処**するための**措置を講ずる**
5	取組みの**有効性を継続的に評価**する

(出所：ESRS 1.61に基づきKPMG作成)

2−3 開示すべき情報の決定

Q23 開示すべき情報の決定

サステナビリティ課題について実施したマテリアリティ評価を踏まえ，開示すべき情報をどのように決定するのでしょうか？

A. ESRSでは，原則として，マテリアリティ評価を踏まえて「重要性がある」と評価されたサステナビリティ課題について開示することが要求されています。

ただし，ESRSでは，マテリアリティ評価の結果にかかわらず，開示することが要求されている情報があるほか，開示要求やデータポイントのレベルで考慮すべき事項が定められています。

解説

1 重要性があると評価されたサステナビリティ課題に関する開示

ESRSでは，マテリアリティ評価を踏まえて「マテリアル（重要性がある）」と評価されたサステナビリティ課題について，以下を開示することが要求されています（ESRS 1.30）。

- トピック別の基準およびセクター別の基準で示されているサステナビリティ課題について開示要求で定められている情報
- 重要性があるサステナビリティ課題がESRSで明示的に定められていない場合，または十分詳細に定められていない場合，企業固有の追加的な情報

2 マテリアリティ評価にかかわらず開示が必要な情報

ただし，以下については，マテリアリティ評価の結果にかかわらず，開示す

ることが要求されています（ESRS 1.29）。

- ESRS 2 号における開示要求で定められている情報
- ESRS 2 号の Appendix-C の表で示されている IRO-1「重要性がある IRO を識別するプロセスに関する記述」に関連するトピック別の基準の開示要求（データポイントを含む。）で定められている情報

---

3 マテリアリティ評価に基づく情報の開示において留意すべき事項

　また，マテリアリティ評価に基づき，開示すべき情報を決定するにあたって，以下の事項について考慮する必要があります。

(1) 気候変動について重要性がないと結論付けた場合の対応

　企業が気候変動について重要性がないと結論付け，ESRS E1「気候変動」におけるすべての開示要求に基づく開示を省略する場合，当該結論について詳細な説明を開示することが要求されています（ESRS 1.32）。

(2) 気候変動以外のトピックについて重要性がないと結論付けた場合の対応

　他方，気候変動以外のトピックについて重要性がないと結論付け，トピック別の基準におけるすべての開示要求に基づく開示を省略する場合には，任意で，当該結論について簡潔に説明することができるとされています（ESRS 1.32）。

(3) 方針，行動，目標に関する情報を開示できない場合の対応

　また，重要性があると結論付けたサステナビリティ課題に関して，トピック別の基準，セクター別の基準，ESRS 2 号における最小限の開示要求で定められている方針，行動および目標に関する情報について，方針を採用していない，行動を実施していない，または目標を設定していないという理由で開示できない場合，企業はその旨を開示することが要求されています（ESRS 1.33）。

(4) 特定のデータポイントに重要性がないと判断した場合の対応

　重要性があるサステナビリティ課題に関する指標に係る情報を開示する場合，企業は原則として重要性があると評価した開示要求により定められる情報を開示することが要求されるものの，個別のデータポイントに係る情報に重要性がないと評価し，その情報は開示要求の目的を満たすためには必要でないと結論した場合，当該データポイントに係る情報を省略することができるとされています（ESRS 1.34）。ただし，ESRS 2号のAppendix Bで定められているCSRD以外のEU法令で要求されている情報を省略する場合，当該情報に「重要性がない」旨を明示的に説明することが要求されています（ESRS 1.35）。

　上記を踏まえると，サステナビリティ課題について実施したマテリアリティ評価を踏まえ，ESRSに基づいて開示すべき情報を決定するフローは，**図表23－1**のように示すことができます。

図表23－1　ESRSに基づく開示情報の決定フロー

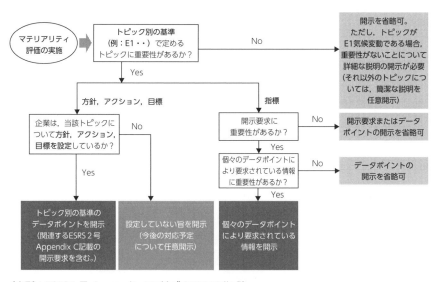

（出所：ESRS 1号 Appendix Eに基づきKPMG作成）

開示すべきバリューチェーン情報

ESRSでは，バリューチェーンについてどこまでの情報を開示することが要求されていますか？

A. ESRSにおいて開示すべきバリューチェーン情報は，デュー・デリジェンスおよびマテリアリティ評価の結果を踏まえて重要性があると評価されたサステナビリティ課題に関連する重要性がある上流および下流のバリューチェーン情報に限られています。

解説

1 バリューチェーンとは

ESRSでは，「バリューチェーン」は，企業のビジネスモデルや，企業が事業を行う外部環境に関連する全範囲の活動，リソースおよび関係を指すものと定義されています。また，バリューチェーンは，企業の製品またはサービスに関連して，企画，流通，消費，廃棄に至るまでに使用し依存する活動，リソースおよび関係を含むとされています（ESRSの委任規則 – AnnexⅡ）。

さらに，これら活動，リソースおよび関係には，自社の事業におけるもの（例：人的資源），供給，マーケティングおよび流通経路（例：原材料およびサービスの調達，販売および配送）におけるもの，資金調達，企業が事業を営む地理的・地政学的な環境を含むと説明されています（ESRSの委任規則 – AnnexⅡ）。

2 開示すべきバリューチェーン情報

ESRSでは，サステナビリティステートメントの対象は財務諸表における報告企業と同一とされています（ESRS 1.62）。ただし，サステナビリティステートメントにおいて提供される報告企業に関する情報には，上流および／または下流における直接および間接の事業上の関係を通じて企業と関連する（connected）重要性があるIROに関する情報を含むとされています。

また，サステナビリティステートメントにおいて開示すべき情報は，デュー・デリジェンスおよびマテリアリティ評価の結果を踏まえるほか，ESRSにおけるバリューチェーンに関する個別の要求事項に準拠して判断するものとされています（ESRS 1.63）。サステナビリティステートメントに含めるべきバリューチェーン情報を検討する際，以下の点に留意することが重要と考えられます（ESRS 1.64, 65, 67）。

- ESRSでは，バリューチェーンにおけるすべての主体（個人または企業）に関する情報開示は要求されておらず，重要性がある上流および下流のバリューチェーンに関する情報開示のみが要求されていること
- 開示が要求されるバリューチェーン情報は，重要性があると評価されたサステナビリティ課題に限られること
- 重要性があるバリューチェーン情報の開示が要求されるのは，①サステナビリティステートメントの利用者が企業において重要性があるIROを理解し，②開示すべきサステナビリティ情報の質的特性を満たす情報を作成するために必要な場合に限られること
- 財務諸表において持分法または比例連結が適用される関連会社またはジョイントベンチャーが企業のバリューチェーンの一部である場合（例：関連会社が自社のサプライヤーである場合），企業はバリューチェーンにおける他の事業上の関係に係るアプローチと整合的な方法で当該関連会社またはジョイントベンチャーに関する情報をサステナビリティステートメントに含めること

さらに，インパクトマテリアリティ評価において，企業は製品やサービスまたは事業上の関係を通じて企業の事業およびバリューチェーンと関連する（connected）インパクトを対象とするとされています。この点，適用ガイダンス第1号では，企業は以下の3つの方法によってインパクトと関連することが説明されています（EFRAG-IG1 FAQ2）。

① 企業の事業，製品やサービスによって直接の影響が生じている（directly caused）。
② 企業がインパクトに貢献（contribute）している。
③ 企業がインパクトに直接リンクしている（directly linked）。

開示すべきバリューチェーン情報の範囲を決定するにあたっては，こうしたインパクトと関連する方法（インパクトが生じているバリューチェーンと直接リンクしていると判断されるかを含む。）を考慮したうえで検討することが重要と考えられます。

上記を踏まえると，開示すべきバリューチェーン情報の範囲は，**図表24－1**のように示すことができます。

図表24－1　開示すべきバリューチェーン情報の範囲

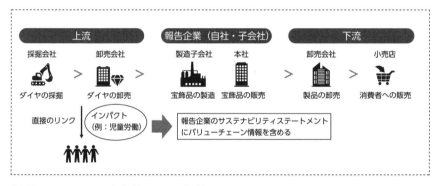

(出所：ESRS 1.AR12を参考にKPMG作成)

Q25 バリューチェーン情報の収集に関する実務上の課題と対応

ESRSでは，バリューチェーン情報の収集に関する実務上の課題についてどのような定めが設けられているのでしょうか？

A. 企業が合理的な努力をしても，なお自社のバリューチェーンからESRSに準拠した開示をするための情報を収集することが困難なことがあります。

ESRS 1 号では，こうした場合，自らが有するすべての合理的で，かつ，裏付けのある情報（セクター平均データ等）に基づいて見積りをしたうえで情報を開示することとされています。

解 説

ESRSでは，マテリアリティ評価の結果を踏まえて必要と判断された場合，企業は重要性があるバリューチェーン情報について開示することが要求されています（ESRS 1.63, 65）。しかし，企業とバリューチェーンにある企業との契約上の関係や営業上の支配の程度，購買力の程度等のさまざまな要因により，開示に必要な上流および下流のバリューチェーン情報を収集することが困難なことがあります（ESRS 1.68）。この場合でも，企業はESRSに基づく開示に必要な情報を収集するため合理的な努力をする必要がありますが，それでもなお必要な情報がバリューチェーンにおける企業から直接入手できないことがあります。

ESRSでは，こうした場合でも，企業は必要と判断された開示が免除されるわけではなく，自らが有するすべての合理的で，かつ，裏付けのある情報（例：セクター平均データ，その他の近似値）を利用して上流および下流における開示すべき情報について見積りをしたうえで当該情報を開示することが要求されています（ESRS 1.69）。

この点，ESRSに関する適用ガイダンス（Implementation Guidance）第 2 号－EFRAG IG2「バリューチェーン」（以下「適用ガイダンス第 2 号」または「EFRAG-IG2」という。）では，使用可能な二次データには，開示される情報

第2章　ESRS：全般的な基準　　**73**

に関連性があり忠実な表現がされる必要があることを前提としつつも，公開され利用可能になっている報告書および研究結果の情報に加え，当局から公表されている情報，新聞記事，データベースから得られたデータ等，比較的広範な情報が例示されています（EFRAG-IG2.114）。また，「合理的な努力」の程度は，個々の企業固有の状況によって異なりますが，EFRAG-IG2では，直接データを入手する負荷とそうした対応をしないことによって情報の質が低下する可能性のバランスをとる必要があるとされています（EFRAG-IG2.165）。

Q26 バリューチェーン情報の開示に関する経過措置

バリューチェーン情報の開示について，経過措置は設けられていますか？

A. はい。ESRSに準拠してサステナビリティ報告を開始した後3年間において，一定の要件を満たすことによりバリューチェーン情報の開示を免除する経過措置が設けられています。

解説

ESRSに準拠してサステナビリティ情報について開示していくうえで，企業の上流および下流のバリューチェーン情報の開示が必要となります。しかし，少なくとも現状においては，実務上，バリューチェーン情報については開示に必要なデータが入手できないことがあります。

1 バリューチェーンに関して必要なすべての情報が入手できない場合の対応

ESRSでは，上記の制約を踏まえ，ESRSに準拠してサステナビリティ報告を実施する当初3年間において，上流および下流のバリューチェーンに関して必要なすべての情報が入手できない場合，以下について説明することを前提として，バリューチェーン情報の開示を免除する経過措置が設けられています（ESRS 1.132）。

- 必要な情報を得るために，どのような取組みをしたか
- 必要な情報が入手できなかった理由
- 必要な情報を入手するために予定している今後の取組み

2 バリューチェーンにおける企業や個人から情報を入手できない場合の対応

また，ESRSに準拠してサステナビリティ報告を実施する当初3年間におい

て，バリューチェーンにおける企業や個人から情報を入手することが困難である可能性を考慮し，またバリューチェーンにおける中小会社の負荷を制限する観点から，以下の経過措置が設けられています（ESRS 1.133）。

- 方針，アクション，目標に関する情報の開示にあたって使用する上流および下流におけるバリューチェーン情報を，社内で入手可能なバリューチェーン情報（例：企業にすでに提供されている情報および公表情報）に限定することができる。
- 指標に関する情報の開示にあたって，ESRS 2 号 Appendix Bに示されている他のEU法令によって必要となるデータポイントを除き，上流および下流のバリューチェーン情報を含める必要はない。

3　ESRSに準拠してサステナビリティ報告を開始してから4年目以降の対応

　ESRSに準拠してサステナビリティ報告を開始してから4年目以降，企業は基準で要求されているバリューチェーン情報について開示することが必要になります。この点，上流および／または下流のバリューチェーンから入手すべき情報は，EFRAGが開発を予定している中小の上場企業向けのESRSの内容を超えるものとはならない旨が説明されています（ESRS 1.135）。

2-4 開示に関する実務課題

 過去，将来情報の報告期間

サステナビリティに関する将来情報を開示するにあたり，将来の期間（短期／中期／長期）について，目安となる年数はありますか？

A. はい。ESRS 1号ではサステナビリティステートメントの作成にあたり「短期」，「中期」，「長期」が定義されています。企業は原則として，この定めに従いサステナビリティに関する将来情報を作成する必要があります。

解説

1 将来情報の期間

サステナビリティステートメントの作成にあたっては，当年度の情報のみならず，比較情報（詳細はQ28を参照）および将来情報も必要となります。ESRS 1号では，時間軸として3つの期間（短期／中期／長期）が示されており，これらについて以下のようなデフォルトの期間が定義されています（ESRS 1.77）。

短期	財務諸表の報告期間（通常は1年）
中期	短期の報告期間終了後（通常は1年後）から5年後まで
長期	5年超

企業は，原則として，この定めに従い，サステナビリティに関する将来情報を作成する必要があります。ただし，中期または長期の期間について，他のESRSにおいて異なる定義が求められている場合，当該他のESRSが優先されます（ESRS 1.79）。また，企業において重要性があるIROを識別・管理するプ

第2章　ESRS：全般的な基準　　**77**

ロセス，ならびにアクションの定義および目標の設定にあたって異なる時間軸によっており，上記の期間に従って情報を作成した場合，情報の関連性がなくなってしまう可能性があります。こうした場合，企業は上記と異なる期間を採用することができます（ESRS 1.80）。ただし，この場合，企業が自ら採用した期間および当該期間を採用した理由を開示することが要求されています（ESRS 2.9）。詳細については**Q34**をご参照ください。

　なお，インパクトまたはアクションが5年超の期間にわたることが予想され，関連性のある情報提供の観点から必要と判断される場合，「長期」の期間についてさらに分解して開示することが要求されています（ESRS 1.78）。

2　つながりのある報告

　ESRS 1 号では，サステナビリティステートメントの報告期間を，財務諸表の報告期間と整合させることが求められています（ESRS 1.73）。これにより，サステナビリティ情報と財務諸表のつながりが強化され，高品質な企業報告が実現できるものと考えられます。

　また，過去情報が将来情報とどのように関連しているかの理解を高めるために，企業は，サステナビリティステートメントの中で，過去と将来の情報について適切なつながりをもたせることが求められています（ESRS 1.74）。

　上記「1　将来情報の期間」と併せた開示対象期間の全体像は，**図表27-1**のとおりです。

図表27-1　サステナビリティステートメントの報告期間

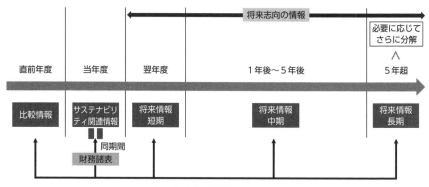

(出所：ESRS１号に基づきKPMG作成)

第2章　ESRS：全般的な基準　　**79**

Q28 比較情報の開示

ESRSに準拠してサステナビリティ情報を作成する場合，比較情報の開示は必要でしょうか？

A. はい。企業は，少なくとも，当期に開示されるすべての定量的な指標および金額について，比較情報を開示することが求められています。

解 説

1　比較情報の開示期間

ESRS 1号では，当期に開示されるすべての定量的な指標および金額について，前期分についての比較情報の開示が求められています（ESRS 1.83）。ただし，ESRSの個別の基準において複数期間における指標またはデータポイントの開示が要求されている場合，企業はこれに従う必要があります（ESRS 1.86）。また，当期のサステナビリティステートメントを理解するうえで関連性があると判断される場合，文章で説明される定性的記述についても比較情報の開示が必要となります（ESRS 1.83）。

2　比較情報に関する開示内容

ESRS 1号では，指標の定義やその算定方法は，期間にわたって整合的であることが求められています（ESRS 1.95）。このため，指標や目標の定義を修正したり，前期に開示された見積数値に関連する新たな情報が識別され，その情報が前期に存在した状況の証拠となる場合，実務上不可能な場合を除き，修正再表示した比較情報の開示が必要とされています（ESRS 1.95）。

また，企業は，前期に報告した情報と異なる比較情報を報告する場合，前期に報告された数値と更新後の数値との差異，および数値を更新した理由を開示することが求められています（ESRS 1.84）。

ただし，状況によっては，過去の期間の比較情報を調整できず，当期の情報との比較可能性を確保することが実務上不可能な場合があります。例えば，当

80

期に新たに定義された指標および目標を遡及的に適用するためのデータや，過去の期間の誤謬を遡及的に修正再表示するためのデータが，過去の期間において収集できない状況がこれに該当します。このように比較情報を調整できない場合，その事実を開示する必要があります（ESRS 1.85）。

なお，比較情報の開示に関する適用初年度の開示免除の経過措置については**Q40**をご参照ください。

Q29 誤謬があった場合の対応

過去の期間で報告した情報に重要性がある誤謬があった場合，どのように対処すればよいでしょうか？

A.
過去の期間で報告した情報に重要性がある誤謬があった場合，実務上不可能でない限り，開示された過去の期間の比較対象の数値を修正再表示することにより訂正する必要があります。

解説

1 誤謬があった場合の一般的な対応

過去の期間で報告した情報に誤謬があり，当該誤謬に重要性がある場合，実務上不可能でない限り，開示された過去の期間の比較対象の数値を修正再表示することにより訂正する必要があります（ESRS 1.96）。

過去の期間における誤謬とは，過去1期以上の期間に係るサステナビリティステートメントにおける脱漏または誤表示のことをいいます。こうした脱漏や誤表示は，次の情報を利用しなかったか，または誤って利用したために生じます（ESRS 1.97）。

- その期におけるマネジメントレポート（サステナビリティステートメントが含まれるレポート）の発行が承認される時点で入手可能であった信頼性のある情報
- サステナビリティ開示の作成において入手し考慮することが合理的に期待されうる信頼性のある情報

なお，誤謬には，計算上の誤り，指標および目標の定義の適用の誤り，事実の見落としや解釈の誤りのほか，不正によるものも含まれます（ESRS 1.98）。

2 誤謬の訂正に関する留意事項

ESRS 1号では，表示されている過去のすべての期間に遡って誤謬の影響を

算定することが実務上不可能な場合，実務上可能な最も古い日付から誤謬を訂正して，比較情報を修正再表示することが求められています（ESRS 1.100）。

また，過去の期間で報告した情報の重要性がある誤謬について，修正再表示することにより訂正した場合，ESRS 2 号に基づき以下の開示が求められています（ESRS 2.14）。

- 過去の期間における重要性がある誤謬の性質
- サステナビリティステートメントに含まれる過去の各期間における誤謬の内容（実務上可能な範囲に限る。）
- 誤謬の訂正が実務上可能でない場合，その理由

第2章 ESRS：全般的な基準　83

機密情報等の開示

ESRSに基づくサステナビリティ報告では，機密情報等についても，必ず開示が要求されることになるでしょうか？

A. いいえ。ESRSでは，機密情報等（知的財産，ノウハウ，イノベーションの結果に関する情報）について開示を免除する定めがあります。

解説

サステナビリティに関する情報の中には，知的財産，ノウハウ，イノベーションの結果に関する情報などの機密情報またはセンシティブな情報（以下「機密情報等」という。）が含まれる可能性があります。このような情報は，企業の競争優位性と不可分なものであることから，仮に開示を強制させると，企業の競争力を低減させ，商業的なデメリットを引き起こす可能性があります。

こうした点を踏まえ，ESRSでは，以下の条件に該当する情報について開示をしないことが認められています（ESRS 1.106）。

- ☑ 当該情報を通常扱う業界の者の間で一般的に知られていない，またはそれらの者が容易に入手可能でないため秘匿性がある情報
- ☑ 秘匿性によって商業的価値がある情報
- ☑ 秘匿性を保つために企業において合理的なステップを経ることとされている情報

この開示の免除は，その情報に重要性があるとみなされる場合においても認められています（ESRS 1.105）。ただし，企業は，機密情報等を開示しないことにより，当該開示の全体的な関連性が損なわれないよう，あらゆる合理的な努力を実施することが求められています（ESRS 1.108）。

なお，機密情報等について開示を省略した場合，ESRS 2号に基づき，その旨を開示することが求められています（ESRS 2.5(d)）。

2-5 サステナビリティ情報の開示

Q31 サステナビリティステートメントにおける開示

ESRSに準拠して作成されたサステナビリティ情報の表示方法について，特定のルールはありますか？

A. はい。ESRSに準拠して作成されたサステナビリティ情報は，原則として，マネジメントレポートに設けられた独立した記載欄（サステナビリティステートメント）において，定められた構成で表示することが求められています。

解 説

ESRS 1 号では，ESRSによって要求されるサステナビリティ情報について，マネジメントレポートに含まれる他の情報とは区分したうえで，サステナビリティステートメントへのアクセスと理解を促進する方法によって表示することが要求されています（ESRS 1.111）。これを踏まえ，ESRSでは，原則として，企業はマネジメントレポートに設けられた独立した記載欄（サステナビリティステートメント）においてサステナビリティ情報のすべてを開示することが求められています（ESRS 1.112）。

サステナビリティステートメントは「全般的な情報」，「環境に関する情報」，「社会に関する情報」，「ガバナンスに関する情報」の4つのパートで構成する必要があります。また，セクター別の基準で求められる開示については，ESRS 2 号およびトピック別の基準で求められている開示と併せて表示する必要があります。加えて，企業固有の情報を開示する場合，最も関連性の高いトピック別の開示およびセクター固有の開示と併せて報告する必要があります（ESRS 1.115-117）。

具体的な開示イメージは**図表31－1**のとおりです。

第2章 ESRS：全般的な基準　　85

図表31－1　サステナビリティステートメントの開示イメージ

マネジメントレポート

- ■ 事業の業績と状況の分析
- ■ 将来生じうる動向
- ■ 主要なリスクと不確実性
- ■ コーポレートガバナンスステートメント

サステナビリティステートメント	
1. 全般	• トピック別の基準における開示要求に基づく情報 • セクター別の基準における開示要求に基づく情報 • 準拠した開示要求のリスト • 他のEU法令で要求されている全データポイントの表
2. 環境（E）	E1「気候変動」 • IROの管理，指標および目標（E1の開示要求に基づく情報） • セクター固有の追加的な開示要求に基づく情報 • 企業固有の情報 E2「汚染」・・・ E3「水および海洋資源」・・・ ・・・
3. 社会（S）	S1「自社の労働者」S2「バリューチェーンにおける労働者」・・・
4. ガバナンス（G）	G1「企業行動」

（出所：ESRS 1 号 Appendix F「ESRSに基づくサステナビリティステートメントの記載例」
に基づきKPMG作成）

　ただし，ESRSでは，他の開示場所を参照してそこに組み込む方法によって，
要求される開示情報をサステナビリティステートメント以外の場所で表示する
ことも認められています。具体的な開示イメージは**図表31－2**のとおりです。
詳細については，**Q32**をご参照ください。

86

図表31-2 組込方式の開示イメージ

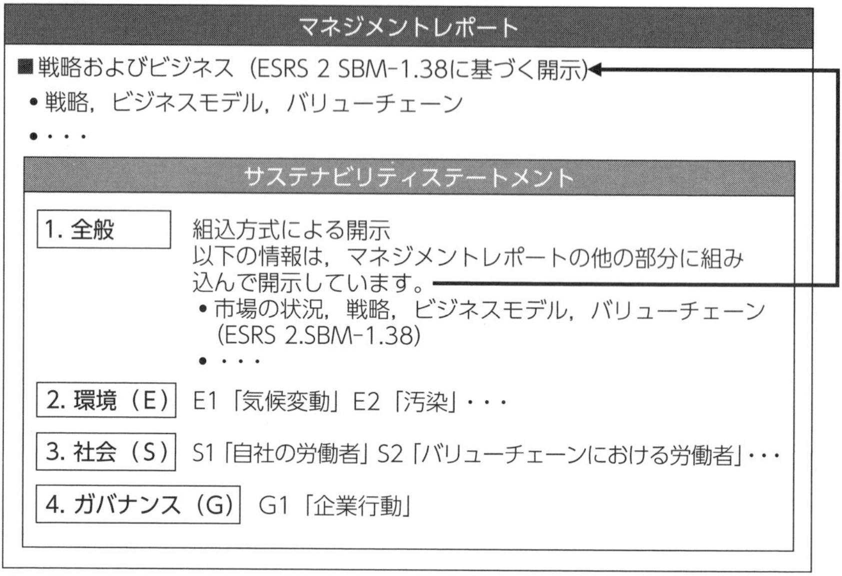

マネジメントレポート

■戦略およびビジネス（ESRS 2 SBM-1.38に基づく開示）◀

• 戦略，ビジネスモデル，バリューチェーン

• ・・・

サステナビリティステートメント

1. 全般	組込方式による開示 以下の情報は，マネジメントレポートの他の部分に組み込んで開示しています。◀ • 市場の状況，戦略，ビジネスモデル，バリューチェーン（ESRS 2.SBM-1.38） • ・・・
2. 環境（E）	E1「気候変動」E2「汚染」・・・
3. 社会（S）	S1「自社の労働者」S2「バリューチェーンにおける労働者」・・・
4. ガバナンス（G）	G1「企業行動」

（出所：ESRS 1号を参考にKPMG作成）

　なお，IFRSサステナビリティ開示基準やGRIスタンダード等で要求されている情報を，追加で開示することは可能です。この場合，関連する基準等を適切に参照しつつ追加で開示した情報を明確に識別するほか，追加で開示した情報が「開示情報が備えるべき質的特性」（**Q16**参照）の要件を満たしているようにする必要があります（ESRS 1.114）。

Q32 サステナビリティステートメント以外の場所における開示

ESRSの開示要求で定められている情報の一部を，サステナビリティステートメント以外の場所で開示することは認められますか？

A. はい。一定の要件を満たす場合，サステナビリティステートメント以外の場所で開示することが認められています。

解説

ESRS1号では，一定の要件を満たす場合，ESRSの開示要求で定められている情報の一部を，サステナビリティステートメント以外の場所で開示することが認められています。具体的な要件は以下のとおりです（ESRS 1.120）。

- ☑ 情報が開示されている場所に参照がされていること
- ☑ 参照先の情報が明確に識別されており，当該情報がESRSにおける特定の開示要求に関するものである旨が明示されていること
- ☑ 参照先の情報がマネジメントレポートよりも前または同時に公表されていること
- ☑ 参照先の情報がサステナビリティステートメントと同じ言語によって作成されていること
- ☑ 参照先の情報がサステナビリティステートメントと同程度の水準の保証を受けていること
- ☑ サステナビリティステートメントと同じデジタル開示がされていること

また，参照先として認められるのは以下の文書に限られています（ESRS 1.119）。

- マネジメントレポートの別のセクション
- 財務諸表
- コーポレートガバナンスステートメント
- EUの株主権利指令で要求されている報酬報告書
- EUの目論見書規則で言及されている一括登録文書

- 銀行や保険会社によるPillar 3の開示書類

　上記を踏まえると，例えば企業が任意で作成している統合報告書や，任意で作成しているサステナビリティ報告書などに参照することは多くの場合，認められないと考えられます。

2−6 ESRS 2号の定め

Q33 ESRS 2号の開示要求

ESRS 2号では,全体としてどのような開示が求められますか?

A. ESRS 2号では,サステナビリティステートメントの「作成の基礎となる情報」に加え,4つの報告領域(「ガバナンス」,「戦略」,「IRO」および「指標および目標」)について開示が求められています。

解説

1 ESRS 2号の開示要求の概要

ESRS 2号は,企業が属するセクターにかかわらず,サステナビリティ関連のトピックについてセクター横断的に開示要求を定めた基準であり,すべての企業に適用されます(ESRS 2.1)。具体的には,サステナビリティステートメントの「作成の基礎となる情報」について開示すべき情報を定めているほか,IFRSサステナビリティ開示基準やTCFD提言と概ね同様に,4つの報告領域(ガバナンス,戦略,IRO,指標および目標)について開示すべき情報を定めています。各基準の関係は**図表33−1**のとおりです。

図表33－1　ESRS1号，ESRS2号およびトピック別の基準の関係

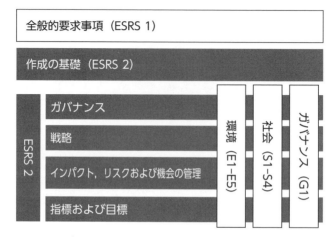

(出所：ESRSに基づきKPMG作成)

2　4つの報告領域に関する開示要求

ESRS2号により，4つの報告領域の各項目で開示が求められる主な情報は，図表33－2のとおりです。

図表33－2　4つの報告領域ごとに開示すべき主な情報

項目	開示すべき主な情報
ガバナンス	GOV-1：経営・監視機関の役割
	GOV-2：経営・監視機関に提供される情報およびサステナビリティ課題への対処
	GOV-3：サステナビリティ関連のパフォーマンスのインセンティブ付けの仕組みへの組込み
	GOV-4：サステナビリティ課題に関するデュー・デリジェンスプロセスの概要
	GOV-5：サステナビリティ報告プロセスに関するリスク管理および内部統制の特徴
戦略	SBM-1：サステナビリティ課題に関連するか，またはそれにインパクトを与える戦略，ビジネスモデル，バリューチェーンの要素
	SBM-2：戦略やビジネスモデルの策定にあたり，ステークホルダーの関心と見解をどのように考慮しているか
	SBM-3：重要性があるIROが戦略およびビジネスモデルとどのように関係しているか

IROの管理	IRO-1 ：重要性があるIROを識別，評価するプロセス
	IRO-2 ：サステナビリティステートメントの作成にあたって遵守した開示要求
	MDR-P：重要性があるサステナビリティ課題を管理するために採用された方針
	MDR-A：重要性があるサステナビリティ課題に関連するアクションおよびリソース
	※ 重要性があるサステナビリティ課題を管理するために採用された方針ならびに関連するアクションおよびリソースについて，ESRS2号では最低限の開示要求（MDR）のみが定められており，具体的な開示要求はトピック別の基準に委ねられている。
指標および目標	MDR-M：重要性があるサステナビリティ課題に関する指標
	MDR-T：目標を通じた方針およびアクションの有効性の追跡
	※ 指標および目標について，ESRS2号では最低限の開示要求（MDR）のみが定められており，具体的な開示要求はトピック別の基準に委ねられている。

（出所：ESRS2号に基づきKPMG作成）

作成の基礎に関する開示

ESRS 2号では、サステナビリティステートメントの作成の基礎について、どのような情報の開示が求められていますか？

A. 企業がどのようにサステナビリティステートメントを作成しているかを理解できるようにするため、作成の基礎となる情報として「全般的な作成の基礎」に関する情報について開示が求められています。

また、これに加えて、サステナビリティステートメントの作成に影響を与えた「特定の状況」に関する情報の開示も求められています。

解説

1 全般的な作成の基礎に関する情報開示

ESRS 2号では、企業がどのようにサステナビリティステートメントを作成しているかを理解できるようにするため、「全般的な作成の基礎」に関する情報について開示要求を定めています。具体的には、主に以下の情報について開示が求められています（ESRS 2.5）。

① 連結・単体情報
  ・サステナビリティステートメントが連結情報なのか、単体情報なのか
② サステナビリティステートメントが連結ベースで作成されている場合の情報
  ・連結の範囲が連結財務諸表と一致していること
  ・連結ベースのサステナビリティステートメントに含まれている子会社のうち開示の免除規定を適用している会社（該当がある場合）
③ バリューチェーン情報
  ・上流および下流のバリューチェーン情報がどこまでサステナビリティステートメントに含まれているか
④ 開示の省略
  ・機密情報等について開示省略の選択肢を用いているか（**Q30**参照）
  ・国ベースで競争上の優位性を踏まえた開示の免除規定が定められている場合、当該免除規定を用いたかどうか

第2章 ESRS：全般的な基準　　93

2　特定の状況に関する情報開示

　ESRS 2号では，サステナビリティステートメントの作成に影響を与えた「特定の状況」に関する情報についても開示要求を定めています。開示が要求されている「特定の状況」に関する項目は，全般的要求事項を定めているESRS 1号の中に含まれていることが多いため，両基準を併せて理解することが重要です。具体的な開示項目は以下のとおりです（ESRS 2.9-16）。

---

① 時間軸
- サステナビリティ情報の作成にあたり，ESRS 1号で定められている中期（1年〜5年）または長期（5年超）と異なる時間軸を用いる場合，企業が自ら採用した期間および当該期間を採用した理由（**Q27**参照）

② バリューチェーン情報の推定
- 業界平均データ等を利用して推定計算したバリューチェーンのデータが指標に含まれる場合，その内容（識別した指標，作成の基礎，正確性の精度，精度の改善に向けて計画しているアクション）

③ 見積りの不確実性
- 開示した定量的な指標および金額見積りのうち不確実性が高いものについて，測定の不確実性の源，測定において使用した仮定，判断等

④ 作成または表示方法の変更
- サステナビリティ情報の作成または表示方法に変更があった場合，その内容および理由
- 修正後の比較情報，および過去の期間において開示した数値との差異
- 過去の期間に関する比較情報を調整することが実務上不可能である場合，その旨（**Q28**参照）

⑤ 過年度の誤謬
- 過去の期間で開示した情報について重要性がある誤謬を識別した場合，過去の期間における重要性がある誤謬の性質
- サステナビリティステートメントに含まれる過去の各期間における誤謬の内容（実務上可能な範囲に限る。）
- 誤謬の訂正が実務上可能でない場合，その理由（**Q29**参照）

⑥ 他の報告基準への準拠
- 現地の法規制や他のサステナビリティ報告基準に基づく開示がサステナビリティステートメントに含まれている場合，その旨

⑦ 他の企業報告への参照

- 他の企業報告に参照することで開示要求を満たしている場合，関連する開示要求またはデータポイントのリスト

Q35 ガバナンスに関する開示

ESRS 2号では、ガバナンスについて、どのような情報の開示が求められていますか？

A. ESRS 2号では、ガバナンスに関連して、「経営・監視機関の役割（GOV-1）」、「経営・監視機関に提供される情報ならびにサステナビリティ課題への対処（GOV-2）」、「サステナビリティ関連のパフォーマンスのインセンティブ付けの仕組みへの組込み（GOV-3）」、「サステナビリティ課題に関するデュー・デリジェンスプロセスの概要（GOV-4）」および「サステナビリティ報告プロセスに関するリスク管理および内部統制の特徴（GOV-5）」に関する情報の開示が求められています。

解説

ESRS 2号では、サステナビリティ課題をモニタリング、管理および監督するために用いるガバナンスプロセス、統制および手続を理解できるようにするため、ガバナンスに関して5つの開示要求を定めています（ESRS 2.18）。

それぞれの開示要求の目的は、**図表35－1**のとおりです（ESRS 2.20, 25, 28, 31, 35）。

図表35－1 「ガバナンス」に関する開示要求の目的

番号	開示要求の目的
GOV-1	経営・監視機関の構成と多様性、重要性があるIROを管理するプロセスの監視に負っている役割と責任、経営・監視機関が有する専門性とスキルについて理解するための情報を提供すること
GOV-2	経営・監視機関が、どのようにサステナビリティ課題に関する情報を入手しており、当該課題にどのように対処しているかについて理解するための情報を提供すること
GOV-3	経営・監視機関のメンバーに対してサステナビリティ課題に紐付くインセンティブ付けの仕組みが付与されているかについて理解するための情報を提供すること
GOV-4	サステナビリティ課題に関するデュー・デリジェンスプロセスに関する理解を促すための情報を提供すること

96

GOV-5	サステナビリティ報告に関するリスク管理および内部統制プロセスについて理解するための情報を提供すること

（出所：ESRS 2. 20, 25, 28, 31, 35に基づきKPMG作成）

　具体的な開示項目は**図表35－2**のとおりです（ESRS 2.21, 22, 23, 26, 29, 32, 36）。

図表35－2 「ガバナンス」について開示すべき主な情報

番号	開示すべき主な情報
GOV-1	**（経営・監視機関のメンバーの構成および多様性）** ● 常勤および非常勤のメンバー数 ● 従業員およびその他の労働者の代表者の関与 ● セクター，製品，所在地に関する経験 ● 性別およびその他の多様性に係る割合 ● 取締役のうち，独立している者の割合
	（経営・監視機関の役割および責任） ● IROの監視に責任を負う組織における経営・監視機関または個人の名称 ● IROに関する責任が企業の付託事項，取締役会の義務，その他の方針にどのように反映されているか ● IROのモニタリング，管理および監視に使用されるガバナンスプロセス，統制および手続における経営者の役割 ● 経営・監視機関や上級幹部が重要性があるIROに関する目標の設定をどのように監視し，その進捗をモニタリングしているか
	（スキルおよび専門性） ● サステナビリティ課題を監視するための適切なスキルおよび専門性が利用可能か，またはどのように開発されるかを，経営・監視機関はどのように決定しているか
GOV-2	**（経営・監視機関に提供される情報および同機関によるIROの対処）** ● 重要性があるIRO，デュー・デリジェンスの実施，IROに対処するために採用された方針，アクション，指標，目標の結果および有効性について経営・監視機関が誰からどの程度の頻度で情報提供を受けているか ● 経営・監視機関は，企業の戦略，主要な取引に関する意思決定，およびリスク管理プロセスについて監視する際にどのようにIROを考慮しているか ● 経営・監視機関によって対処された重要性があるIROのリスト
GOV-3	**（インセンティブ付けの仕組みへの組込み）** ● インセンティブ付けの仕組みの主な特徴 ● サステナビリティ関連の目標やインパクトに対してパフォーマンスが評価されているか，評価されている場合，どの目標やインパクトか ● サステナビリティ関連のパフォーマンスに関する指標が業績測定におけるベンチマークとして考慮されているか，または報酬決定の方針に含まれているか，またその場合，どのような形態によるか

	● サステナビリティ関連の目標やインパクトによって変動する報酬の割合
	● インセンティブ付けの仕組みの承認および更新を行う主体の位置付け
GOV-4	(デュー・デリジェンス)
	● デュー・デリジェンスのプロセスの適用がサステナビリティステートメントのどこで,どのように反映されているか
GOV-5	(リスク管理および内部統制)
	● サステナビリティステートメントに関するリスク管理および内部統制プロセスの範囲,主な特徴,および構成要素
	● 適用したリスク評価のアプローチ
	● 識別されたリスクとそれを軽減するための戦略
	● サステナビリティステートメントに関するリスク管理および内部統制の発見事項を関連する内部の機能とプロセスにどのように統合しているか
	● 上記発見事項をどのように定期的に経営・監視機関に報告しているか

(出所：ESRS 2.21, 22, 26, 29, 32, 36に基づきKPMG作成)

戦略に関する開示

ESRS 2号では、戦略について、どのような情報の開示が求められていますか？

A. ESRS 2号では、戦略に関連して「サステナビリティ課題に関連するか、またはそれにインパクトを与える戦略、ビジネスモデル、バリューチェーンの要素（SBM-1）」、「戦略やビジネスモデルの策定にあたり、ステークホルダーの関心と見解をどのように考慮しているか（SBM-2）」および「重要性があるIROが戦略およびビジネスモデルとどのように関係しているか（SBM-3）」に関する情報の開示が求められています。

解説

ESRS 2号では「サステナビリティ課題に関連するか、またはそれにインパクトを与える戦略、ビジネスモデル、バリューチェーンの要素（SBM-1）」、「戦略やビジネスモデルの策定にあたり、ステークホルダーの関心と見解をどのように考慮しているか（SBM-2）」および「重要性があるIROが戦略およびビジネスモデルとどのように関係しているか（SBM-3）」について理解できるようにするため、戦略に関して3つの開示要求が定められています。

それぞれの開示要求の目的は、**図表36－1**のとおりです（ESRS 2.39, 44, 47）。

図表36－1 「戦略」に関する開示要求の目的

番号	開示要求の目的
SBM-1	サステナビリティ課題に関するIROについてどのようなエクスポージャーがどこで生じているかを理解できるよう、当該課題に関連するか、またはそれにインパクトを与える全般的な戦略の主要な要素について説明するほか、ビジネスモデル、バリューチェーンの主要な要素について説明すること
SBM-2	戦略やビジネスモデルを策定する際、ステークホルダーの関心や見解をどのように踏まえているかについて理解するための情報を提供すること

SBM-3	実施したマテリアリティ評価によって，どのような重要性があるIROが識別されているか，それらがどのように生じているか，また重要性があるIROを踏まえて戦略やビジネスモデルをどのように適応させているか（どのようにリソースを配分しているかを含む。）について理解するための情報を提供すること

（出所：ESRS 2.39, 44, 47に基づきKPMG作成）

具体的な開示項目は**図表36－2**のとおりです（ESRS 2.40, 42, 45, 48）。

図表36－2　「戦略」について開示すべき主な情報

番号	開示すべき主な情報
SBM-1	**（サステナビリティ課題に関連するか，またはそれにインパクトを与える全般的な戦略の主要な要素）** ● 製品およびサービスの重要なグループ，対象とする重要な市場および顧客グループ，従業員数等 ● ESRSに基づく重要なセクターの区分による収益の分解情報[※1] ● 上記以外のESRSに基づく重要なセクターの一覧[※1] ● 企業が化石燃料セクター，化学品製造，物議を呼ぶ兵器，タバコの生産および製造について事業を行っている場合はその旨 ● 製品やサービスの重要なグループ，顧客のカテゴリー，地理的な場所，ステークホルダーとの関係に関するサステナビリティ関連の目標 ● 製品，市場等に関する企業による評価 ● サステナビリティ課題に関連するか，またはそれにインパクトを与える戦略の要素 （※1）　本開示項目は，セクター別の基準の適用日から開示が必要となる（ESRS 1.137, Appendix C）（**Q40**参照）。
	（ビジネスモデルおよびバリューチェーン） ● インプット，およびインプットを収集し，開発し，確保するアプローチ ● アウトプット，ならびに顧客，投資者およびその他のステークホルダーに対する現在および予見される便益による成果 ● 上流および下流のバリューチェーンの主な特徴，およびバリューチェーンにおける企業の位置付け
SBM-2	**（戦略やビジネスモデルの策定にあたり，ステークホルダーの関心と見解をどのように考慮しているか）** ● ステークホルダーとのエンゲージメントの概要（主要なステークホルダー，エンゲージメントの実施方法等） ● 主要なステークホルダーの関心および見解についての理解 ● 主要なステークホルダーの関心や見解を踏まえて戦略やビジネスモデルをどのように修正したか ● 経営・監視機関は，サステナビリティ関連のインパクトに関する影響を受けるステークホルダーの見解および関心に関する情報を入手しているか，またその場合，どのような方法によるか

SBM-3	(重要性があるIROが戦略およびビジネスモデルとどのように関係しているか)
	● マテリアリティ評価によって識別された重要性があるIROの概要（ビジネスモデルやバリューチェーンのどこに重要性があるIROが集中しているかを含む。）
	● 重要性があるIROがビジネスモデル，バリューチェーン，戦略および意思決定に与える現在および予想される影響，ならびに企業による対応
	● 重要性があるインパクトの概要（プラスおよびマイナスのインパクトが人や環境に対してどのような影響を与えているかを含む。）
	● 重要性があるリスクと機会が企業の財務状況，財務業績，キャッシュ・フローおよび重要性があるリスクと機会に与えた当期の財務影響
	● 重要性があるリスクと機会が短期・中期・長期にわたって財務状況，財務業績およびキャッシュ・フローに与えることが予想される財務影響^{（※2）}
	● 重要性があるインパクトとリスクに対処し，重要性がある機会を活用するための能力に関する企業の戦略およびビジネスモデルの強靱性
	（※2）　本開示項目は，適用初年度において省略できる。また，適用後3年間において開示が実務上不可能な場合は，定性的情報による開示が認められている（ESRS 1.137, Appendix C）（**Q40**参照）。
	（レジリエンス）
	● 前年度と比較した重要性があるIROの変化
	● ESRSの開示要求で示されているIROの一覧

（出所：ESRS 2.40, 42, 45, 48に基づきKPMG作成）

Q37 IROの管理に関する開示

ESRS 2号では,重要性があるIROの管理について,どのような情報の開示が求められていますか?

A. ESRS 2号では,企業は「重要性があるIROを識別,評価するプロセス(IRO-1)」,「サステナビリティステートメントの作成にあたって遵守した開示要求(IRO-2)」および「重要性があるIROを管理するための方針およびアクション」に関する情報の開示が求められています。

なお,方針およびアクションの開示にあたっては,ESRS 2号に加えトピック別の基準の開示要求も踏まえて対応することが必要です。

解説

ESRS 2号では,重要性があるIROを識別するためのプロセス,およびマテリアリティ評価の結果を踏まえて企業がサステナビリティステートメントに含めた情報を理解できるようにするための情報について開示要求が定められています(ESRS 2.50)。これによるマテリアリティ評価プロセスに係る開示は「重要性があるIROを識別,評価するプロセス(IRO-1)」と「サステナビリティステートメントの作成にあたって遵守した開示要求(IRO-2)」に区分されます。

また,ESRS 2号では「重要性があるIROを管理するための方針およびアクション」についても情報の開示が要求されます(ESRS 2.60)。

1 マテリアリティ評価プロセスに係る開示

ESRS 2号では,マテリアリティ評価プロセスに係る開示に関して,2つの開示要求を定めています。それぞれの開示要求の目的は,**図表37-1**のとおりです(ESRS 2.52, 55)。

102

図表37-1 「マテリアリティ評価」に関する開示要求の目的

番号	開示要求の目的
IRO-1	サステナビリティステートメントにおける開示を決定する基礎として，企業がIROを識別し，その重要性（マテリアリティ）を評価するプロセスを理解するための情報を提供すること
IRO-2	マテリアリティ評価の結果を踏まえてサステナビリティステートメントに含めるとした情報に関する開示要求，および重要性がないとして省略された情報に関する開示要求について理解するための情報を提供すること

（出所：ESRS 2.52, 55に基づきKPMG作成）

　具体的な開示項目は**図表37-2**のとおりです（ESRS 2.53, 56）。

図表37-2 「重要性があるIROを識別，評価するプロセス」について開示すべき主な情報

番号	開示すべき主な情報
IRO-1	● マテリアリティ評価のために利用した手法や仮定 ● 人や環境に対するインパクトを識別，評価，優先順位付け，モニタリングするプロセスの概要 ● 財務影響が生じた，または生じる可能性があるリスクおよび機会を識別，評価，優先順位付け，モニタリングするプロセスの概要 ● 意思決定プロセスおよび関連する内部統制の手続の概要 ● インパクトおよびリスクを識別，評価，管理するプロセスが企業の全体的なリスク管理プロセスに統合されているか，またその方法 ● 機会を識別，評価，管理するプロセスが企業の全体的な管理プロセスに統合されているか，またその方法 ● 使用しているインプット ● プロセスが前年度のものから変更されたか
IRO-2	● マテリアリティ評価の結果を踏まえ，サステナビリティステートメントの作成にあたって準拠するとしたESRSの開示要求の一覧 ● 他のEU法令から得られるすべてのデータポイントをまとめた表 ● 気候変動に重要性がないと結論付け，ESRS E1における開示要求のすべてを省略している場合，そのようなマテリアリティ評価の結論に関する詳細な説明

（出所：ESRS 2.53, 56, 57に基づきKPMG作成）

第2章 ESRS：全般的な基準 **103**

2 重要性があるIROを管理するための方針およびアクションの開示

トピック横断的な基準であるESRS 2号では，ESRS全体で共通するベースを確立し，開示項目のばらつきを避ける観点から，サステナビリティ課題に関連する重要性があるIROを管理するための方針およびアクションについては，開示する際に含めなければいけない最低限の開示要求（MDR）のみを定めており，具体的な開示要求はトピック別の基準に委ねています。このため，トピック別の基準の開示要求に基づき当該方針およびアクションを開示する場合，ESRS 2号により求められる最低限の開示要求（MDR）の項目およびトピック別の基準における定めの双方を踏まえた対応が必要です（ESRS 2.60）。

重要性があるIROを管理するための方針およびアクションの開示要求の目的は，**図表37－3**のとおりです（ESRS 2.64, 67）。

図表37－3 「方針およびアクション」に関する開示要求の目的

項目	開示要求の目的
方針	重要性があるインパクトの防止・軽減・是正，重要性があるリスクへの対処，重要性がある機会の追跡に関する方針を理解するための情報を提供すること
アクション	重要性があるインパクトを防止・軽減・是正するため，ならびに重要性があるリスクおよび機会に対処するため，どのようなアクションを講じているか，または予定しているかを理解するための情報を提供すること

（出所：ESRS 2.64, 67に基づきKPMG作成）

また，方針およびアクションに関する主な最低限の開示要求（MDR-PおよびMDR-A）は**図表37－4**のとおりです（ESRS 2.65, 68, 69）。

図表37－4 「方針およびアクション」について最低限開示すべき主な情報

項目	最低限開示すべき主な情報
方針 （MDR-P）	・方針の概要 ・方針の対象（活動，上流および下流のバリューチェーン，地域，（該当ある場合）影響を受けるステークホルダー） ・方針の実行に関する最高責任者 ・（該当ある場合）方針の実行を通して遵守することをコミットしている基準やイニシアチブ

	● (該当ある場合) 方針の設定において考慮した主要なステークホルダーの関心事項 ● (該当ある場合) 潜在的に影響を受けるステークホルダーや方針の実行をサポートすべきステークホルダーに対してポリシーを伝達しているか (している場合にはその方法) 等
アクション (MDR-A)	**(方針の実行に何らかのアクションが必要な場合)** ● 当期に実施されたアクションおよび将来予定しているアクション，ならびに期待される結果等 ● 主なアクションの範囲 (上流および下流のバリューチェーンのどこまでを対象とするものか等) ● 主なアクションの完了予定時期 ● (該当する場合) 重要性があるインパクトによって被害を受けた人々の救済に関する主なアクション ● (該当する場合) 前年からの進捗に関する定量的情報および定性的情報等
	(アクションプランの実行に費用計上される支出や資本的支出が必要な場合) ● アクションプランの実行に割り当てられた現在および将来の資金ならびにその他のリソース ● 資金およびその他のリソースが財務諸表に表示されている項目との関係 ● 将来支出を予定している資金の金額

(出所:ESRS 2.65, 68, 69に基づきKPMG作成)

第2章　ESRS：全般的な基準　105

 指標および目標に関する開示

ESRS 2号では，指標および目標について，どのような情報の開示が求められていますか？

A. ESRS 2号では，指標および目標に関して，最低限の開示要求（MDR）のみを定めています。このため，指標および目標の開示にあたっては，ESRS 2号に加えトピック別の基準の開示要求も踏まえて対応することが必要です。

解説

トピック横断的な基準であるESRS 2号では，ESRS全体で共通するベースを確立し，開示項目のばらつきを避ける観点から，サステナビリティ課題に関連する指標および目標については，開示する際に含めなければいけない最低限の開示要求（MDR）のみを定めており，具体的な開示要求はトピック別の基準に委ねられています。このため，トピック別の基準の開示要求に基づき指標および目標を開示する場合，ESRS 2号により求められる最低限の開示要求（MDR）の項目およびトピック別の基準における定めの双方を踏まえる必要があります（ESRS 2.70）。

1　指標に関する開示要求

指標に関する開示要求は，企業が重要性のあるサステナビリティ課題を管理するためのアクションが有効であるかを追跡するために使用する指標を理解するための情報を提供することが目的とされています（ESRS 2.74）。

指標に関する主な最低限の開示要求（MDR-M）は，**図表38－1**に記載のとおりです（ESRS 2.77）。

図表38-1 「指標」に関する最低限の開示要求

項目	最低限の開示要求
指標 (MDR-M)	● 指標の測定において用いられた手法および重要な仮定について開示する ● 指標の測定値がサステナビリティステートメントの保証提供者以外の外部機関によって認証されているかどうか，その場合にはどの機関によって認証されているかについて開示する ● 指標に意味があり明確で正確なラベル付けを行い，定義付けすること ● 金額情報を開示する場合，財務諸表の表示通貨を使用すること

（出所：ESRS 2.77に基づきKPMG作成）

2　目標に関する開示要求

目標に関する開示要求は，主に以下を理解するための情報を提供することが目的とされています（ESRS 2.79）。

---

① 企業が重要性のあるIROに対処するためのアクションが有効であるかについてどのように継続的に追跡しているか（どのように指標を利用しているかも含む。）
② 目標は，測定可能で，時間軸が明確であり，期待される成果を踏まえたものとなっているか
③ 目標に関する進捗はどの程度か
④ 測定可能で時間軸が明確な目標を設定していない場合，重要性があるIROに対処するためのアクションの有効性について追跡しているか，またどのように追跡しているか
⑤ ステークホルダーが重要性のあるサステナビリティ課題に関する目標設定に関与しているか

目標に関する主な最低限の開示要求（MDR-T）は，**図表38-2**のとおりです（ESRS 2.80, 81）。

第2章 ESRS：全般的な基準 **107**

図表38-2 「目標」に関する最低限の開示要求

項目	最低限の開示要求
目標 (MDR-T)	重要性があるサステナビリティ課題への対処に関する進捗を評価するため，測定可能で，時間軸が明確であり，期待される成果に基づいた目標に関する情報について開示する。開示すべき主な情報は以下のとおり。 **（測定可能で期待される成果に基づいた目標を設定している場合）** ● 目標と方針がどのように関係しているか ● 達成すべき目標水準（相対的な目標か絶対的な目標か，どの測定単位かを含む。） ● 目標の範囲（自社の活動だけか，上流および下流のバリューチェーンも含むか，目標の対象となる地理的範囲） ● 進捗状況を測定するための基準値，基準年 ● 目標が対象とする期間，および（該当がある場合）マイルストーン，中間目標 ● 目標設定に用いられた方法および重要な仮定（該当がある場合，選択したシナリオ，データソース，および自国，EU，国際的な政策目標との整合性，目標設定にあたってより広範な持続可能な成長，インパクトが生じている地域の状況を考慮しているか） ● 環境関連の目標は科学的証拠に基づくものか ● 重要性があるサステナビリティ課題の設定にステークホルダーがどのように関与したか ●（該当ある場合）目標および関連する指標，前提となる測定方法，重要な仮定，データソースや入手プロセスの変更に関する情報 ● 目標に対するパフォーマンス **（測定可能で期待される成果に基づいた目標を設定していない場合）** ● 重要性があるサステナビリティ関連のIROについて，方針およびアクションの有効性を追跡しているか，追跡している場合，そのプロセス ● 進捗を把握するために用いている定性的・定量的指標

（出所：ESRS 2.80, 81に基づきKPMG作成）

Q39 ESRS2号とトピック別の基準との関係

トピック別の基準における定めとESRS2号の開示要求はどのような関係にありますか？

A. トピック別の基準における定めの中には，トピック固有の情報の開示について定めるものだけでなく，ESRS2号の開示要求と併せて考慮すべきものがあります。このうち，マテリアリティ評価の説明と関連するものについては重要性がある情報かどうかの評価にかかわらず，開示することが要求されています。

解説

ESRSのトピック別の基準には，トピック固有の情報（例：GHG排出量）の開示について定めるものだけでなく，ESRS2号の開示要求で定められている情報と不可分の関係にあるため，ESRS2号の開示要求と併せて考慮すべきとされているものがあります（ESRS1.9）。

具体的には，**図表39－1**における定めがこれに該当します。

図表39－1 ESRS2号の開示要求と併せて考慮すべきトピック別の基準の定め

ESRS2号の開示要求	関連するトピック別の基準における定め
GOV-1：経営・監視機関の役割	● ESRS G1号「企業行動」5項
GOV-3：サステナビリティ関連のパフォーマンスのインセンティブ付けの仕組みへの組込み	● ESRS E1号「気候変動」13項
SBM-2：ステークホルダーの関心と見解	● ESRS S1号「自社の労働者」12項 ● ESRS S2号「バリューチェーンにおける労働者」9項 ● ESRS S3号「影響を受けるコミュニティ」7項 ● ESRS S4号「消費者およびエンドユーザー」8項
SBM-3：重要性があるIROおよび戦略やビジネスモデルとの関係	● ESRS E1号「気候変動」18項-19項 ● ESRS E4号「生物多様性および生態系」16項 ● ESRS S1号「自社の労働者」13項-16項 ● ESRS S2号「バリューチェーンにおける労働者」10項-13項 ● ESRS S3号「影響を受けるコミュニティ」8項-11項

第2章　ESRS：全般的な基準　　109

	• ESRS S4号「消費者およびエンドユーザー」9項-12項
IRO-1：サステナビリティに関するIRO を識別し，どれが重要性がある IROかを評価するプロセス	• ESRS E1号「気候変動」20項-21項 • ESRS E2号「汚染」11項 • ESRS E3号「水および海洋資源」8項 • ESRS E4号「生物多様性および生態系」17項-19項 • ESRS E5号「循環型経済」11項 • ESRS G1号「企業行動」6項

(出所：ESRS 2号 Appendix Cに基づきKPMG作成)

　また，**図表39－1**で示した情報のうちIRO-1における定めはマテリアリティ評価の説明と関連するものであり，重要性がある情報と判断されるかどうかにかかわらず，報告されることが要求されています（ESRS 1.29）。

2－7 経過措置

Q40 ESRSの円滑な導入を図るための経過措置

ESRS 1 号ではどのような経過措置が設けられていますか？

A. ESRS 1 号では，円滑な導入を図るため，基準の適用初年度や当初の一定期間において，開示を免除する規定や簡便的な対応を認める定めが設けられています。

解 説

ESRS 1 号では，比較情報，企業固有の情報の開示，バリューチェーン情報の開示について，開示を免除する規定や簡便的な対応を認める定めが設けられています。また，段階的な開示に関する定めが併せて設けられています。

1 比較情報に関する経過措置

ESRS 1 号では，当期に開示されるすべての定量的な指標および金額について，前期分についての比較情報の開示が求められています（**Q28**参照）。ただし，ESRSの適用初年度においては，円滑な導入を図る観点から，サステナビリティステートメントにおいて比較情報の開示は求められていません（ESRS 1.136）。

2 企業固有の開示に関する経過措置

企業は一定の場合に，追加的な企業固有の情報の開示が必要となります（**Q15**参照）。ただし，ESRSの適用後 3 年間は，以下の経過措置が認められています（ESRS 1.131）。

第2章　ESRS：全般的な基準　　111

- 企業が開示した固有の情報が，情報の質的特性（**Q16**参照）に合致するか，または合致するように適合されている場合，過去の期間に報告した企業固有の情報を開示することができる。
- IFRSの業種別ガイダンスやGRIのセクター別スタンダードなど利用可能なベストプラクティスや報告フレームワークまたは基準を用いて，追加的な開示情報のセットによって当該セクターにおける企業にとって重要性があるサステナビリティ課題をカバーするため，トピック別の基準に基づく開示を補完することができる。

3　バリューチェーン情報に関する経過措置

　企業は，さまざまな理由によりバリューチェーンに関する情報を入手できない場合があります。そのため，実務上の負担を踏まえ，ESRSの適用後3年間は一定の経過措置が認められています。詳細については**Q26**をご参照ください。

4　段階的に開示要求が適用される項目

　ESRS 1号のAppendix C「段階的に開示要求が適用される項目のリスト」には，ESRSの適用初年度または当初の一定期間において，サステナビリティステートメント上，省略できる開示項目または適用されない開示項目が掲載されています（ESRS 1.137）。

　経過措置は，①平均従業員数にかかわらずすべての企業および連結グループの親会社を対象とするもの，②貸借対照表日を基準日として直近事業年度の平均従業員数が750名以下の企業または連結グループの親会社を対象とするものに区分されます。①および②の区分について，それぞれどのような経過措置が認められているかについては，**図表40−1**をご参照ください。

112

図表40－1 ESRS 1 号 Appendix C による経過措置

① すべての企業および連結グループの親会社に適用される経過措置		
基　準	開示要求	経過措置の内容
ESRS 2 号「全般的開示」	SBM-1	セクター別の基準が適用されるまで，以下の開示を省略することができる。 ● ESRSで定められる重要なセクター区分ごとの収益の分解情報 ● 上記に反映されていないESRSで定められる重要なセクターの一覧（※連結財務諸表の作成において連結会社間収益として相殺消去される活動に関するセクターがこれに該当する。）
ESRS 2 号「全般的開示」	SBM-3	適用初年度：予想される財務影響に関する情報の開示を省略できる。 適用当初 3 年間：実務上不可能な場合，予想される財務影響のうち，定量的な情報の開示を省略し，定性的な情報の開示のみとすることができる。 （注1）　E2-6で要求される報告期間中に発生した主要な事故および沈殿物に関する情報の開示は省略できない。
ESRS E1号「気候変動」	E1-9	
ESRS E2号「汚染」	E2-6（注1）	
ESRS E3号「水および海洋資源」	E3-5	
ESRS E4号「生物多様性および生態系」	E4-6	
ESRS E5号「循環型経済」	E5-6	
ESRS S1号「自社の労働者」	S1-7	適用初年度：開示要求で定められている情報の開示を省略できる。 （注2）　S1-8については，EEA（欧州経済領域）域外の国の自社の従業員に関する開示要求のみ省略できる。
	S1-8（注2）	
	S1-11	
	S1-12	
	S1-13	
	S1-15	
	S1-14	適用初年度：①業務上の疾病の件数，および②業務上の事故・負傷・死亡・疾病により逸失した業務日数に関する情報の開示を省略できる。
		適用初年度：従業員以外の労働者に関する情報の開示を省略できる。

② 直近事業年度の平均従業員数が750名以下の企業または連結グループの親会社に対する経過措置		
基　準	開示要求	経過措置の内容
ESRS E1号「気候変動」	E1-6	適用初年度：スコープ3に関するデータポイントおよびGHG排出量の総量に関する情報の開示を省略できる。
ESRS E4号「生物多様性および生態系」	すべて	適用当初 2 年間：基準で定められているすべての開示要求に関する情報の開示を省略できる。
ESRS S1号「自社の労働者」		

ESRS S2号「バリューチェーンにおける労働者」	
ESRS S3号「影響を受けるコミュニティ」	
ESRS S4号「消費者およびエンドユーザー」	

（出所：ESRS 1号 Appendix Cに基づきKPMG作成）

第３章

ESRS：トピック別の基準

116

3-1 ESRS E1号「気候変動」

Q41 気候変動をめぐる動向

気候変動をめぐる世界（EUを含む。）の動向について教えてください。

A. 　近年，気候変動が地球規模の社会課題となっている状況を踏まえ，2015年に開催された第21回気候変動枠組条約締約国会議（COP21）において，産業革命前と比較して世界の平均気温の上昇を2℃を十分に下回る水準に抑えるとともに，1.5℃未満に留めることに向けて努力を進めることに合意したパリ協定が採択されました。

　パリ協定での合意内容を受け，EU加盟国を含め，世界各国で気候変動の緩和に向けたさまざまな取組みが行われています。

解説

1 パリ協定

　2015年12月にフランス（パリ）で開催された第21回気候変動枠組条約締約国会議（COP21）において，京都議定書以来18年ぶりとなる気候変動に関する国際的枠組みであるパリ協定が採択されました。パリ協定では，産業革命前と比較して世界の平均気温の上昇を2℃を十分に下回る水準に抑えるとともに，1.5℃未満に留めることに向けて努力を進めることが合意されています。また，これを実現するため，今後，世界全体の温室効果ガスの排出量をできるだけ早くピークアウトさせ，締約国は今世紀後半には温室効果ガスの排出と吸収のバランスを達成することを目指すこととされています。

　上記を踏まえ，締約国に対して，5年ごとに「国が決定する貢献」（Nationally Determined Contribution（NDC））と呼ばれる削減目標を作成，提出するこ

第3章 ESRS：トピック別の基準 　117

とが義務付けられており，各国はパリ協定の目標達成に向けた自国の削減目標およびそれに向けての取組みを公表しています。

図表41－1 　各国の温室効果ガス排出量の削減目標

国・地域	2030年目標	2050ネットゼロ
日本	△46%（2013年度比） （さらに，50%の高みに向け，挑戦を続けていく。）	表明済み
アルゼンチン	排出上限を年間3.59億トン	表明済み
オーストラリア	△43%（2005年比）	表明済み
ブラジル	△50%（2005年比）	表明済み
カナダ	△40～△45%（2005年比）	表明済み
中国	（1）CO_2排出量のピークを2030年より前にすることを目指す （2）GDP当たりCO_2排出量を△65%以上（2005年比）	CO_2排出を2060年までにネットゼロ
フランス・ドイツ・イタリア・EU	△55%以上（1990年比）	表明済み
インド	GDP当たり排出量を△45%（2005年比）	2070年ネットゼロ
インドネシア	△31.89%（BAU比）（無条件） △43.2%（BAU比）（条件付）	2060年ネットゼロ
韓国	△40%（2018年比）	表明済み
メキシコ	△22%（BAU比）（無条件） △36%（BAU比）（条件付）	表明済み
ロシア	1990年排出量の70%（△30%）	2060年ネットゼロ
サウジアラビア	2.78億トン削減（2019年比）	2060年ネットゼロ
南アフリカ	2026年～2030年の排出量を3.5～4.2億トンに	表明済み
トルコ	最大△21%（BAU比）	－
英国	△68%以上（1990年比）	表明済み
米国	△50～△52%（2005年比）	表明済み

BAU比：追加的な対策をとらずに現状のまま（Business as usual）とした場合との比較
（出所：外務省「日本の排出削減目標　3.各国の2030削減目標」（2024年8月時点）に基づきKPMG作成）

2　EUの動向

　EUでは，2019年12月に欧州委員会が「欧州グリーンディール」（European Green Deal）を公表しました。その中で，2050年までに温室効果ガス排出量を大幅に削減して，気候中立（climate neutral）にすることが目標とされてい

ます。

　その後，「欧州グリーンディール」の目標に法的拘束力を持たせるため，「欧州気候法」（European Climate Law）が2021年7月に施行されました。「欧州気候法」では，2050年までの温室効果ガス排出量実質ゼロの目標に加えて，その達成に向けて，2030年までに温室効果ガス排出量を1990年比55％以上削減するという中間目標も併せて定められています。また，これらの目標を達成するために，欧州委員会は気候変動の諸施策に関するEU戦略を採択し，その進捗を定期的に評価することとしているほか，EU加盟国はEU戦略を考慮して国内戦略を採択し，定期的に更新することが求められています。

　さらに，上記の2030年に向けた温室効果ガス排出削減目標を達成するため，欧州委員会は2021年7月に13の法案からなる政策パッケージ「Fit for 55」を公表しています。「Fit for 55」には，広範な分野にわたる排出量削減目標，天然の炭素吸収量増加目標，排出量取引制度，エネルギー課税，再生可能エネルギー導入促進，社会気候基金の設置等に係る政策が含まれており，2023年までに主要な関連法案が成立しています。

第3章 ESRS:トピック別の基準 119

 「気候変動」に係る開示要求の全体像

ESRS E1号「気候変動」に係る開示要求の全体像は，どのようなものですか？

A. ESRS E1号「気候変動」の開示要求は，ESRS 2号に定められている4つの報告領域である「ガバナンス」，「戦略」，「IROの管理」および「指標および目標」のそれぞれに関するものです。

気候変動においては，パリ協定における1.5℃目標に代表される，関連する国際的な協定やEUにおけるルール，ガイダンスがあり，企業のそれらに対する取組みや遵守状況が開示要求に含まれているところが特徴と考えられます。

解説

ESRS E1号「気候変動」の目的は，以下の点について情報利用者が理解できるような情報を提供することであるとされています（ESRS E1.1）。

- 重要性があるプラスおよびマイナスのインパクト（実際に生じたもの，または潜在的に生じる可能性があるもの）の観点から，企業が気候変動にどのような影響を与えているか
- パリ協定（または気候変動に関する最新の国際協定）に沿い，地球温暖化の1.5℃目標と整合した，企業の過去，現在および将来の緩和に関する取組み
- サステナブルな経済への移行と整合するように戦略とビジネスモデルを適合させ，地球温暖化を1.5℃未満の上昇に抑える目標に貢献するための企業の計画およびその実行能力
- マイナスのインパクト（実際に生じたもの，または潜在的に生じる可能性があるもの）を防止，軽減または是正し，リスクと機会に対処するために，企業が実行したアクションの内容およびその結果
- 企業の気候変動に対するインパクトと依存から生じる，企業にとって重要性があるリスクと機会の性質，種類および程度，ならびに企業がそれをどのように管理しているか
- 気候変動に対する企業のインパクトと依存から生じる，短期・中期・長期のリ

> スクと機会が企業に与える財務影響

　ESRS E1号は，ESRS 2号の第2章「ガバナンス」，第3章「戦略」および第4章「インパクト，リスクおよび機会の管理（IROの管理）」の開示要求と併せて適用することとされています（ESRS E1.12）。そのため，ESRS E1号の開示要求を理解するためには，先立ってESRS 2号の全般的開示事項を理解することが重要です。

　ESRS E1号では，ESRS 2号で定められている4つの報告領域（「ガバナンス」，「戦略」，「IROの管理」および「指標および目標」）について，それぞれ独自の開示要求が定められています。ESRS E1号の開示要求の全体像は，**図表42－1**のように図示することができます。

図表42－1　ESRS E1号「気候変動」の開示要求の全体像

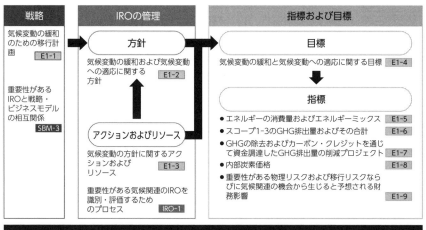

（出所：ESRS E1号に基づきKPMG作成）

ガバナンスに関する開示

気候変動に係るガバナンスに関連して、どのような情報の開示が求められていますか？

A. 気候変動に係るガバナンスに関連して、経営・監視機関のメンバーの報酬に気候関連の考慮事項が織り込まれているかどうか、また、どのように織り込まれているかに関する情報を開示することが求められています。

解説

ESRSでは、経営・監視機関のメンバーに対してサステナビリティ課題に紐付くインセンティブの仕組みが付与されているかについて理解するための情報を提供することを目的として、ESRS2号において「サステナビリティ関連のパフォーマンスのインセンティブの仕組みへの組込み（GOV-3）」に関する開示が求められています。

ESRS E1号では、これを補足する情報として、企業の経営・監視機関のメンバーの報酬に気候関連の考慮事項が織り込まれているかどうか、また、どのように織り込まれているかについて、以下を含む情報について開示が要求されています（ESRS E1.13）。

- 経営・監視機関のメンバーのパフォーマンスが「気候変動の緩和と気候変動への適応に関する目標（E1-4）」に基づいて報告されたGHG排出削減目標に照らして評価されているか
- 気候関連の考慮事項に紐付けて当期の財務諸表に計上された報酬の割合、およびその気候関連の考慮事項がどのようなものかについての説明

Q44 戦略に関する開示

気候変動に係る戦略について，どのような情報の開示が求められていますか？

A. 気候変動に係る戦略について，以下に関する情報を開示することが求められています。

- 気候変動の緩和のための移行計画
- 重要性があるIROならびにそれらの戦略およびビジネスモデルとの相互の関係

解 説

ESRS E1号では，気候変動に係る戦略について，以下に関する情報を開示することが求められています。

1 気候変動の緩和のための移行計画 (E1-1)

企業は，気候変動の緩和のための移行計画を開示することが要求されています（ESRS E1.14）。

この開示により，企業の戦略およびビジネスモデルが持続可能な経済への移行，パリ協定に沿って地球温暖化を1.5℃上昇までに留める目標，および2050年までの気候中立化の達成の目標と整合的であることを確保するための企業の過去，現在および将来にわたる緩和の取組みのほか，該当がある場合には石炭，石油およびガスに関連する活動に対する企業のエクスポージャーについて，情報利用者が理解できるようにすることが企図されています（ESRS E1.15）。

2 重要性があるIROならびにそれらの戦略およびビジネスモデルとの相互の関係 (ESRS 2 SBM-3)

企業は，自らが識別した重要性がある気候関連リスクを，気候関連の物理リスクまたは気候関連の移行リスクのいずれに該当すると考えているかについて説明することが要求されています（ESRS E1.18）。また，気候変動に関連する

企業の戦略およびビジネスモデルのレジリエンスについて説明することが要求されています（ESRS E1.19）。

　上記の開示要求に関して開示すべき主なデータポイント（本文で記載したものを除く。）は，**図表44－1**のとおりです。

図表44－1　**戦略について開示すべき情報**

気候変動の緩和のための移行計画（ESRS E1-1）	
■気候変動の緩和のための移行計画に関連する以下の情報 　●GHG排出量削減目標を参照したうえで，企業の目標が，パリ協定に沿って地球温暖化を1.5℃上昇までに留めることとどのように整合しているか 　●GHG排出量削減目標および気候変動の緩和のためのアクションを参照したうえで，企業が識別した脱炭素化の手段の説明，および企業が計画している主要なアクション（企業の製品およびサービスポートフォリオの変更，自社の事業もしくはバリューチェーンの上流または下流における新技術の採用等）についての説明 　●気候変動の緩和のためのアクションを参照したうえで，企業の移行計画の実行を支える投資や資金調達に関する定量的な説明および定量的な情報 　●企業の主要な資産と製品から将来生じうる回避できないGHG排出量についての定性的な評価 　●自社の経済活動をEUタクソノミー規則における技術的スクリーニング規準と整合させるために，企業が計画している事項等についての説明 　●石炭，石油，ガス関連の経済活動に関連して報告期間中に投資された重要な資本的支出の金額 　●企業がEUのパリ協定整合ベンチマークから除外されているかどうか 　●移行計画が企業の全社的な事業戦略や財務計画にどのように組み込まれているか，またそれと整合しているか 　●移行計画が企業の経営・監視機関によって承認されているか 　●移行計画の実行に関する進捗状況	E1.16
■企業が実行中の移行計画を有していない場合，移行計画を設けるか，およびその時期	E1.17
重要性があるIROならびにそれらの戦略およびビジネスモデルとの相互の関係（ESRS 2 SBM-3）	
■気候変動に関連する戦略およびビジネスモデルのレジリエンスについて，以下を含む説明 　●レジリエンスの分析の対象範囲 　●いつ，どのようにレジリエンスの分析が実施されたか（気候シナリオ分析の利用に関する説明を含む。） 　●レジリエンスの分析の結果（シナリオ分析の結果も含む。）	E1.19

（出所：ESRS E1号に基づきKPMG作成）

IROの管理に関する開示

気候変動に係るIROの管理について、どのような情報の開示が求められていますか？

A. 気候変動に係るIROの管理について、以下に関する情報を開示することが求められています。
- 重要性がある気候関連のIROを識別・評価するためのプロセス
- 気候変動の緩和および気候変動への適応に関する方針
- 気候変動に係る方針に関するアクションおよびリソース

解説

ESRS E1号では、気候変動に係るIROの管理について以下に関する情報を開示することが求められています。

1 重要性がある気候関連のIROを識別・評価するためのプロセス (ESRS 2 IRO-1)

ESRS 2号で要求されている重要性があるIROを識別し評価するためのプロセスについての説明を補足する情報として、企業が気候関連のIROを識別し評価するための自社のプロセスについて開示することが要求されています (ESRS E1.20)。

2 気候変動の緩和および気候変動への適応に関する方針 (ESRS E1-2)

企業は気候変動の緩和および気候変動への適応に関連する重要性があるIROを管理するために企業が採用した方針について開示することが要求されています (ESRS E1.22)。

この開示により、重要性がある気候変動の緩和および気候変動への適応に関するIROを識別、評価、管理および是正するための方針がどの程度策定されているかについて情報利用者が理解できるようにすることが企図されています

第3章　ESRS：トピック別の基準　　**125**

（ESRS E1.23）。

3　気候変動の方針に関するアクションおよびリソース（ESRS E1-3）

　企業は，気候変動の緩和および気候変動への適応のためのアクションとその実行のために割り当てられたリソースについて開示することが要求されています（ESRS E1.26）。

　この開示により，気候関連の方針の目的および目標を達成するために実行された主要なアクションおよび実行が計画されている主要なアクションについて，情報利用者が理解できるようにすることが企図されています（ESRS E1.27）。

　上記の開示要求に関して開示すべき主なデータポイント（本文で記載したものを除く。）は，**図表45－1**のとおりです。

図表45－1　IROの管理について開示すべき情報

重要性がある気候関連のIROを識別・評価するためのプロセス（ESRS 2 IRO-1）	
■気候関連のIROを識別して評価するためのプロセスに関する以下の説明 　●企業の気候変動に対するインパクト（特に，企業のGHG排出量） 　●自社の事業活動と上流および下流のバリューチェーンにおける気候関連の物理リスク 　●自社の事業活動と上流および下流のバリューチェーンにおける気候関連の移行リスクと機会	E1.20
■気候関連の物理リスク，移行リスクおよび機会の識別・評価の説明に関して，気候関連のシナリオ分析をどのように利用したか	E1.21
気候変動の緩和および気候変動への適応に関する方針（ESRS E1-2）	
■気候変動の緩和および気候変動への適応に関する重要性があるIROを管理するために企業が採用した方針に関連して，ESRS 2 MDR-P「重要性があるサステナビリティ課題を管理するために採用する方針」で示されている情報（**Q37**を参照）	E1.24
■方針が以下の領域に対処しているかどうか，またどのように対処しているか 　●気候変動の緩和 　●気候変動への適応 　●エネルギー効率 　●再生可能エネルギーの導入 　●その他	E1.25
気候変動の方針に関するアクションおよびリソース（ESRS E1-3）	
■気候変動の緩和および気候変動への適応に関連して，ESRS 2 MDR-A「重要性があるサステナビリティ課題に関連するアクションおよびリソース」で示されている情報（**Q37**を参照）	E1.28

■以下の情報 • 気候変動の緩和に関して報告年度に実施された主要なアクションまたは将来計画されている主要なアクションについて記載する場合，脱炭素化の手段ごとの情報 • 気候変動の緩和のためのアクションの成果について説明する場合，達成されたGHG排出削減量および期待されるGHGの排出削減量 • 実施されたアクションまたは計画されているアクションを実行するために必要な資本的支出および費用的支出の金額（関連する財務諸表上の開示科目または注記，EUタクソノミー規則によるKPIおよび資本的支出の計画と関連付けて記載）	E1.29

（出所：ESRS E1号に基づきKPMG作成）

第3章 ESRS：トピック別の基準 **127**

Q46 指標および目標に関する開示

気候変動に係る指標および目標について，どのような情報の開示が
求められていますか？

A. 気候変動に係る指標および目標について，以下に関する情報を開示
することが求められています。

- 気候変動の緩和と気候変動への適応に関する目標
- エネルギー消費量およびエネルギーミックス
- スコープ1‐3のGHG排出量およびその合計
- GHGの除去およびカーボン・クレジットを通じて資金調達した
  GHG排出量の削減プロジェクト
- 内部炭素価格
- 重要性がある物理リスクおよび移行リスクならびに気候関連の機
  会から生じると予想される財務影響

解 説

ESRS E1号では，気候変動に係る指標および目標について以下に関する情
報を開示することが求められています。

1 気候変動の緩和と気候変動への適応に関する目標（E1-4）

企業が設定した気候変動の緩和と気候変動への適応に関する目標について開
示することが要求されています（ESRS E1.30）。

この開示により，気候変動の緩和や気候変動への適応に関する方針を支援す
るために企業が設定した目標や，重要性があるIROに対処するために企業が設
定した目標について情報利用者が理解できるようにすることが企図されていま
す（ESRS E1.31）。

2 エネルギー消費量およびエネルギーミックス（E1-5）

企業は，エネルギーの消費量とエネルギーミックスに関する情報を開示する

ことが要求されています（ESRS E1.35）。

　この開示により，企業のエネルギー消費の絶対量，エネルギー効率の改善状況，石炭・石油・ガス関連活動のエクスポージャー，および全体のエネルギーミックスにおける再生可能エネルギーの割合について情報利用者が理解できるようにすることが企図されています（ESRS E1.36）。

3　スコープ1-3のGHG排出量およびその合計（E1-6）

　企業は，スコープ1-3のそれぞれのGHG排出量（相殺前の総量）およびGHG排出量の合計をCO_2換算トン単位で開示することが要求されています（ESRS E1.44）。

　この開示により，以下のような点について情報利用者が理解できるようにすることが企図されています（ESRS E1.45）。

- スコープ1のGHG排出量（総量）の情報：企業が気候変動に与える直接のインパクトおよび排出量取引スキームで規制対象となっているGHG排出量のGHG排出量合計に占める割合
- スコープ2のGHG排出量（総量）の情報：企業が外部から購入もしくはその他の方法で取得のうえ消費したエネルギーによって生じる，気候変動に対する間接的なインパクト
- スコープ3のGHG排出量（総量）の情報：スコープ1および2のGHG排出量に含まれない企業のバリューチェーンの上流および下流から生じるGHG排出量（移行リスクの重要なドライバーであることが多い。）
- GHG排出量合計の情報：企業のGHG排出量の全体像，およびGHG排出が自身の企業活動から生じているのか，またはバリューチェーンの上流および下流から生じているのか（自社の気候関連目標およびEUの政策目標に従ってGHG排出量の削減が進められているかについて評価するために必要）

　上記の開示要求に基づく情報は，企業の気候関連の移行リスクを理解するためにも必要です。

4　GHGの除去およびカーボン・クレジットを通じて資金調達したGHG排出量の削減プロジェクト（E1-7）

　企業は，自らの事業で開発したプロジェクト，または企業のバリューチェー

第3章　ESRS：トピック別の基準　**129**

ンの上流および下流で貢献した可能性があるプロジェクトによるGHGの除去
および貯留，ならびに，バリューチェーンの外側のカーボン・クレジットの購
入を通じた気候変動の緩和プロジェクトによるGHG排出量の削減量および除
去量について開示することが要求されています（ESRS E1.56）。

　この開示により，企業のネットゼロの目標を達成するためにGHGを除去す
る活動，および企業のカーボンニュートラルの表明を支援するために企業が購
入するカーボン・クレジットの範囲や性質についての理解を情報利用者に提供
することが企図されています（ESRS E1.57）。

5　内部炭素価格（E1-8）

　企業は，内部で炭素の価格付けの仕組みを適用しているかどうか，および適
用している場合，それらがどのように企業の意思決定を支援し，気候関連の方
針および目標の実行にインセンティブを与えているかについて開示することが
要求されています（ESRS E1.62）。

6　重要性がある物理リスクおよび移行リスクならびに気候関連の 機会から生じると予想される財務影響（E1-9）

　企業は，重要性がある物理リスクおよび移行リスクから生じると予想される
財務影響，ならびに重要性がある気候関連の機会から生じる便益の潜在的な可
能性について開示することが要求されています（ESRS E1.64）。

　このうち機会から生じる財務影響については，情報の質的特性（ESRS 1
Appendix B）を満たさない場合，定量的な情報の開示は不要とされています
（ESRS E1.70）。

　上記の開示要求に関して開示すべき主なデータポイント（本文で記載したも
のを除く。）は，**図表46-1**のとおりです。

130

図表46-1 指標および目標について開示すべき情報

気候変動の緩和と気候変動への適応に関する目標（ESRS E1-4）	
■気候変動の緩和と気候変動への適応に関する目標に関連して，ESRS 2 MDR-T「目標に関する方針およびアクションの有効性の追跡」で示されている情報（**Q38**を参照）	E1.32
■企業が気候関連のIROを管理するためにGHG排出量削減目標やその他の目標を設定しているかどうか，設定している場合にはどのように設定しているのか（例：再生可能エネルギーの導入，エネルギーの効率化，気候変動への適応，および物理リスクや移行リスクの軽減）	E1.33
■企業がGHG排出量削減目標を設定している場合，ESRS 2 MDR-Tで示される情報に加えて以下の情報 　● GHG排出量の削減目標に関する絶対値の情報（CO_2換算トンまたは基準年排出量に対する割合のいずれか），および関連する場合に原単位の情報 　● GHG排出量の削減目標のうちスコープ1-3の割合に関する情報基準年およびベースラインの数値（2030年以降は5年ごとにGHG排出量削減目標の基準年を更新する。） 　● 2030年の目標値，および可能であれば2050年の目標値（2030年以降は5年ごとに目標値を更新する。） 　● GHG排出量削減目標が科学的根拠に基づいているかどうか，およびそれが地球温暖化を1.5℃未満の上昇に留めるという目標と整合しているかどうか，目標の設定にあたってどのような枠組みを利用したか，またどのように将来の動向を考慮したか 　● 温室効果ガス排出削減目標を達成するために想定している脱炭素化の手段（例：エネルギーまたは材料の効率化および消費の削減，燃料の転換，再生可能エネルギーの使用，製品およびプロセスの段階的廃止または代替）とそれらがGHG排出量の削減目標の達成にどのように貢献すると想定しているか	E1.34
エネルギー消費量およびエネルギーミックス（ESRS E1-5）	
■自社の事業に関するエネルギー消費量の合計（メガワット時単位）と，以下の項目別の内訳 　● 化石燃料に基づく総エネルギー消費量 　● 原子力に基づく総エネルギー消費量 　● 以下の区分による再生可能エネルギーの総消費量 　　――再生可能資源（バイオマス，バイオ燃料，バイオガス，再生可能資源から得られる水素を含む。）の燃料消費 　　――購入またはその他の方法によって取得した再生可能資源由来の電力，熱，蒸気，冷却の消費量 　　――自家発電非燃料再生可能エネルギーの消費量	E1.37
■（気候に与えるインパクトが大きいセクターの企業に該当する場合）化石燃料の総エネルギー消費量を以下の方法でさらに細分化して開示 　● 石炭および石炭製品の燃料消費 　● 原油および石油製品の燃料消費 　● 天然ガスの燃料消費 　● 他の化石燃料資源の燃料消費 　● 購入または取得した化石燃料由来の電気，熱，蒸気または冷気の消費	E1.38
■再生可能エネルギーの生産量とそれ以外のエネルギーの生産量の分解情報	E1.39

第3章 ESRS：トピック別の基準　　131

（純収益に基づくエネルギー集約度）	
■気候に与えるインパクトが大きいセクターに属する活動について，エネルギー集約度（純収益当たりのエネルギー消費量）に関する情報（純収益の情報について財務諸表の純収益金額の開示科目または注記との調整を併せて開示）	E1.40-43
スコープ1-3のGHG排出量およびその合計（ESRS E1-6）　　　　（経過措置）≫Q40	
■スコープ1のGHG排出量の総量（CO$_2$換算トン単位）および規制された排出量取引スキームからのスコープ1のGHG排出量の割合	E1.48
■ロケーション基準およびマーケット基準のそれぞれによるスコープ2のGHG排出量の総量（CO$_2$換算トン単位）	E1.49
■スコープ1およびスコープ2排出量の情報について，以下の分解情報 　●連結会計グループ（親会社および子会社）からの排出量 　●オペレーショナル・コントロールを有するが，連結財務諸表上連結されていない関連会社，ジョイントベンチャー，非連結子会社，ならびに契約上の取決めのうち事業体を通じて設計されたものに該当しない共同支配の取決めからの排出量 ※　上記の開示要求については，EFRAG-IG2において，①親会社および子会社（連結財務諸表に認識されているすべての資産を含む。）と②共同事業の資産および負債に対する企業の持分に加え，③オペレーショナル・コントロールを有するその他の場所（sites），資産または企業（関連会社，ジョイントベンチャーを含む。）がスコープ1および2の算定対象になることが明らかにされています。	E1.50
■スコープ3のGHG排出量（CO$_2$換算トン単位）について，重要なスコープ3のカテゴリーごとの情報	E1.51
（純収益に基づくGHG集約度）	
■GHG排出量の排出源単位（純収益当たりのGHG排出量），およびGHG排出量集約度の計算上分母として使用する純収益について財務諸表の純収益金額の開示科目または注記との調整に関する情報	E2.53-55
GHGの除去およびカーボン・クレジットを通じて資金調達したGHG排出量の削減プロジェクト（ESRS E1-7）	
■GHGの除去および貯留について，該当がある場合，以下の情報 　●GHGの除去および貯留の総量について，企業自らの事業におけるものと企業のバリューチェーンの上流および下流で貢献したプロジェクトに起因したものに分解した情報 　●算定にあたって企業が採用した計算の仮定，手法および枠組みに関する情報	E1.58
■カーボン・クレジットについて，該当がある場合，以下の情報 　●バリューチェーンの外側のカーボン・クレジットで，報告期間において一般に認められた品質基準によって検証された総量およびキャンセルされた総量 　●バリューチェーンの外側のカーボン・クレジットで，将来キャンセルが計画されている総量，およびそれが既存の契約に基づくものかどうか	E1.59
■E1-4の開示要求に沿って企業がGHG排出量削減目標に加えてネットゼロの目標を開示している場合，当該目標の範囲，適用する手法および枠組み，ならびに残存するGHG排出量をどのように気候中立的なものとしていくか	E1.60
■企業がカーボン・クレジットを使用してカーボンニュートラルとしていくことを表明している場合，以下の情報	E1.61

132

● 表明した内容がGHG排出量削減目標と関連しているかどうか，またどのように関連しているか ● 表明した内容とカーボン・クレジットへの依拠がGHG排出量の削減目標の達成を妨げるようなことがないか ● 使用するカーボン・クレジットの信頼性（一般に認められた品質基準への参照を含む。）	

内部炭素価格（ESRS E1-8）	
■内部炭素価格について，以下の情報 ● 価格付けの仕組みの類型（例：資本的支出や研究開発投資の意思決定に適用されるシャドウ・プライス，フィーの課金等） ● 炭素価格の仕組みの適用の対象（活動，地域，事業体等） ● 仕組みごとに適用された炭素価格および適用された重要な仮定 ● 価格付けの仕組みによってカバーされる，当年度のスコープ１とスコープ２（および該当ある場合にはスコープ３）のGHG総排出量の概数および企業のGHG排出量（各スコープ）に対する割合	E1.63

重要性がある物理リスクおよび移行リスクならびに気候関連の機会から生じると予想される財務影響（ESRS E1-9）　　　　　　　　　　　　　　　　　　　　　　　　　経過措置 ≫ Q40	
■重要性がある物理リスクから生じると予想される財務影響に関連して，以下の情報 ● 短期・中期・長期にわたり重要性がある物理リスクに晒されている資産の金額および割合（気候変動への適応に関するアクションを考慮しないで判断するほか，金額は急性と慢性の物理的リスクに区分して開示） ● 重要性がある物理リスクに晒されている資産のうち，気候変動への適応に関するアクションによって対処されたものの割合 ● 重要性がある物理リスクに晒されている重要な資産の場所 ● 短期，中期，長期にわたり重要性がある物理リスクに晒されている事業活動から生じる収益の金額および純収益に占める割合	E1.66
■重要性がある移行リスクから生じると予想される財務影響に関連して，以下の情報 ● 短期・中期・長期にわたり重要性がある移行リスクの対象となる資産の金額および割合（気候変動の緩和に関するアクションを考慮しないで判断） ● 重要性がある移行リスクに晒されている資産のうち，気候変動の緩和に関するアクションによって対処されたものの割合 ● エネルギー効率クラスごとに区分した企業が保有する不動産の帳簿価額の内訳 ● 短期・中期・長期にわたり財務諸表上で認識する必要がある可能性のある負債 ● 短期・中期・長期にわたり重要性がある移行リスクに晒されている事業活動から生じる金額および純収益に占める割合	E1.67
■以下について，財務諸表上の特定の科目または注記との調整 ● 重要性がある物理リスクに晒されている資産および関連する純収益の金額 ● 重要性がある移行リスクに晒されている資産，負債および関連する純収益の金額	E1.68

（出所：ESRS E1号に基づきKPMG作成）

第3章　ESRS：トピック別の基準　　**133**

ESRS適用開始時の経過措置

　図表内で「経過措置」とあるE1-9の開示要求を対象とした経過措置（適用対象：すべての企業および連結グループの親会社）のほか，ESRS E1号についてはE1-6の開示要求に関する特定のデータポイントを対象とした経過措置（適用対象：直近事業年度の平均従業員数が750名以下の企業または連結グループの親会社）が設けられています。経過措置に関する詳細は，**Q40**をご参照ください。

ESRS E1号とIFRS S2号「気候関連開示」との比較

ESRS E1号とIFRSサステナビリティ開示基準のIFRS S2号「気候関連開示」とでは，どのような違いがあるのでしょうか？

A. 両者は多くの共通点がある一方で，一部において異なる点もあります。2024年5月にISSBとEFRAGが共同で公表したガイダンスで，共通点および相違点の説明がされています。

解説

1 概　要

ESRS E1号における開示要求とIFRS S2号の開示要求は多くの共通点がある一方で，一部において異なる点もあります。

この点，国際サステナビリティ基準審議会（ISSB）と欧州財務報告諮問グループ（EFRAG）は，2024年5月に共同で「IFRSサステナビリティ開示基準とESRSの相互運用性に関するガイダンス」（以下「相互運用性ガイダンス」という。）を公表しています。相互運用性ガイダンスは，IFRSサステナビリティ開示基準（以下「ISSB基準」という。）とESRSの両方の基準に準拠してサステナビリティ関連情報を作成しようとする企業が理解すべきことを示したものです。相互運用性ガイダンスでは，第1章において両基準は「財務上の重要性」の概念について整合的であるという説明がされる等，一般的な開示要求について説明がされています。また，第2章では，両基準において気候関連開示に関する定めは多くの点で整合的であるという説明がされています。

2 具体的な差異

他方で，第3章では「ESRSを適用する企業がIFRS S2号にも準拠しようとする際に留意すべき事項」について，第4章では「IFRS S2号を適用する企業がESRSにも準拠しようとする際に留意すべき事項」についてそれぞれ説明がされており，これらが両基準における主な相違点と考えられます。

第3章　ESRS：トピック別の基準　　135

(1)　ESRSを適用する企業がIFRS S2号にも準拠しようとする際に留意すべき事項

①　両基準に類似の開示要求があるものの詳細が異なるため，留意すべき事項

　詳細について留意すべき事項として，以下の7項目に関する説明がされています。

- 移行計画の開示において考慮した仮定に関する開示
- シナリオ分析に関する開示
- 産業別のガイダンスで示されている指標に関する開示
- GHG排出量の分解情報に関する開示
- 気候関連の機会に関する開示
- 資本投下に関する開示
- カーボン・クレジットに関する開示

②　ESRSでは開示が要求されていないものの，IFRS S2号で追加的に要求されている事項

　IFRS S2号に準拠した場合，追加で開示が必要となる可能性がある事項として，ファイナンスド・エミッションに関する開示について説明がされています。

(2)　IFRS S2号を適用する企業がESRSにも準拠しようとする際に留意すべき事項

①　両基準に類似の開示要求があるものの詳細が異なるため，留意すべき事項

　詳細について留意すべき事項として，以下の7項目に関する説明がされています。

- シナリオ分析に関する開示
- GHG排出量の分解情報に関する開示
- カーボン・クレジットに関する開示
- 財務影響の開示
- 気候関連の物理リスクと移行リスクに関する開示
- GHG排出量の削減目標に関する開示
- GHG排出量の開示範囲を判断するための組織境界

② ISSB基準では開示が要求されていないものの，ESRSでは追加で，または
より明示的に要求されている事項

　全体として，ESRSにおける開示要求はISSB基準と比較して詳細です。この
ため，ISSB基準では開示が要求されていないものの，ESRSでは追加で，また
はより明示的に要求されている事項について，ESRS 2号とE1号を踏まえて多
くの項目について説明がされています。

図表47－1　相互運用性ガイダンスの概要

区分	概　　要
第1章	ESRSとISSB基準がどのように相互運用性があるかについて，両基準の一般的な開示要求に着目して説明がされている。 ● 重要性 ● 表示 ● 気候以外のサステナビリティ課題に関する開示 ● 免除規定
第2章	ESRSおよびISSB基準の気候関連の開示要求が高い水準で相互運用性を達成している旨について，両基準の要求事項を表形式で対比しつつ，説明がされている。
第3章	ESRSを適用する企業がIFRS S2号にも準拠しようとする際に留意すべき事項について，以下に区分して説明がされている。 ● 両基準に類似の開示要求があるものの，詳細が異なるため留意すべき事項 ● ESRSでは開示が要求されていないものの，IFRS S2号で追加的に要求されている事項
第4章	ISSB基準を適用する企業がESRSにも準拠しようとする際に留意すべき事項について，以下に区分して説明がされている。 ● 両基準に類似の開示要求があるものの，詳細が異なるため留意すべき事項 ● ISSB基準では開示が要求されていないものの，ESRSでは追加で，またはより明示的に要求されている事項

（出所：相互運用性ガイダンスに基づきKPMG作成）

第3章　ESRS：トピック別の基準　137

3-2 | ESRS E2号「汚染」

Q48 汚染をめぐる動向

汚染をめぐる世界（EUを含む。）の動向について教えてください。

A. 汚染は人間の健康および環境に重大な影響を与えるため，EUをはじめ世界では身近な問題として取組みが進行しています。特にEUでは欧州グリーンディールを受け，汚染ゼロに向けた取組みとして規制の整備が進められています。

解説

1　世界（EUを含む。）における汚染に関する動向

　大気・水・土壌汚染は人間の健康や環境に長期的な負の影響をもたらす可能性があり，世界的に重要な課題になっています。このため，国際連合が推進しているSDGsの取組みにおいても，SDGs No.3「健康と福祉」やSDGs No.7「利用可能でクリーンなエネルギー」でこれらの課題が取り上げられているほか，世界保健機関（WHO）においても関連する取組みが進められています。

　また，EUでは，欧州委員会が，2019年12月に欧州グリーンディールを採択しています。欧州グリーンディールは，サステナビリティ課題に関連する総合的な政策パッケージですが，その中で，EUとして有害物質のない環境に向けて「汚染ゼロを目指す」という戦略が示されました。当該戦略を具体化するため，欧州委員会は，2021年5月に「大気・水・土壌の汚染ゼロに向けて」（Towards Zero Pollution for Air, Water and Soil）と題されたEUとしての行動計画を採択しています。

　この行動計画では，汚染物質の流出は人類の心身の健康を害しているとともに，生物多様性を低下させている現状を踏まえ，2050年までに人類の健康や自

然の生態系に悪影響を及ぼさない水準まで汚染を減少させるというEUとしてのビジョンとそのための取組みが示されています。また，この行動計画では2030年までの中間目標として以下が掲げられています。

---

① 大気汚染による死者数を55％超削減する。
② 交通騒音による慢性的な被害を30％削減する。
③ 生物多様性を脅かす大気汚染があるEUの生態系を25％削減する。
④ 化学農薬・養殖等向けの抗菌剤の使用等を50％削減する。
⑤ 海へのプラスチックごみを50％削減するほか，環境に放出されるマイクロプラスチックを30％削減する。
⑥ 廃棄物の発生量を大幅に削減するほか，残りの一般廃棄物を50％削減する。

2　EUにおける汚染に関連する主な規制

EUにおける汚染に関連する規制のうち，主なものは以下のとおりです。

(1) 産業排出指令

産業排出指令（Industrial Emissions Directive, 2010/75/EU）は，特定の産業施設運用者に対して遵守すべき排出基準を定める指令であり，大気のみならず，水，土壌も対象とする排出規制です。

(2) REACH規則

REACH規則（1907/2006/EC）は，EUにおける化学品の登録・評価・認可および制限に関する規則で，Registration（登録），Evaluation（評価），Authorisation（認可）and restriction of CHemicals（化学品）の頭文字をとってREACHと呼ばれています。

REACH規則の目的は，人の健康と環境の保護，欧州化学産業の競争力の向上にあり，事業者は，規制対象物質の登録や届け出，認可申請等の義務を果たさなければEU域内での化学品の製造，市場での販売または使用を行うことができないとされています。

⑶ CLP規則

　CLP規則（1272/2008/EC）はregulation on Classification, Labelling and Packaging of substances and mixturesの略称で，国際的に推奨されている化学品の危険有害性の分類・表示方法を定めたGHS（Globally Harmonized System of Classification and Labelling of Chemicalsの略）をベースとして化学品を分類，表示，包装することを義務付ける規則です。具体的には，EU域内の製造者および輸入者に対して，物質または混合物を上市前に分類し，危険有害性があると分類されるものについて適切な表示，包装等を義務付けています。

　ESRSの開示要求ではこれらのEUにおける規制を参照するものが多いため，開示要求を理解するための前提知識としてこれらの規制を知ることが重要です。

「汚染」に係る開示要求の全体像

ESRS E2号「汚染」に係る開示要求の全体像は，どのようなものですか？

A. ESRS E2号は，他のトピック別の基準と同様，大きく「IROの管理」と「指標および目標」の2領域で開示要求が構成されています。

ただし，気候変動に関する開示と比較すると，汚染物質の性質に着目して，懸念物質と高懸念物質に区分して開示することが要求されている点が特徴的です。

解 説

ESRS E2号「汚染」の目的は，以下の点について情報利用者が理解できるような情報を提供することであるとされています（ESRS E2.1）。

- 重要性があるプラスおよびマイナスのインパクト（実際に生じたもの，または潜在的に生じる可能性のあるもの）の観点から，企業が大気，水および土壌の汚染にどのような影響を及ぼしているか
- マイナスのインパクト（実際に生じたもの，または潜在的に生じる可能性があるもの）を防止または軽減し，リスクおよび機会に対処するために企業が実行したアクションの内容およびその結果
- サステナブルな経済への移行ならびに汚染の発生の防止，統制および除去の必要性と整合するように戦略やビジネスモデルを適合させる企業の計画やその実行能力
- 汚染に関する企業のインパクトと依存に関する重要性があるリスクおよび機会の性質，種類および程度，および企業がこれをどのように管理しているか
- 企業の汚染に関するインパクトと依存から生じる，短期・中期・長期の重要性があるリスクと機会が企業に与える財務影響

ESRS E2号は，ESRS 2号における開示要求を前提として，大きくIROの管理と指標および目標の2領域で開示要求が構成されており，他のトピック別の基準と大きな相違はありません。ただし，指標および目標の開示にあたって，汚染物質の性質に着目して懸念物質・高懸念物質（後述の**参考参照**）に区分し

た開示が要求されている点が特徴的と考えられます（ESRS E2.32, 35）。

ESRS E2号の開示要求の全体像は，**図表49－1**のように図示することができます。

図表49－1 ESRS E2号「汚染」の開示要求の全体像

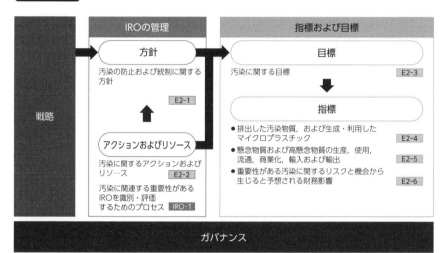

（出所：ESRS E2号に基づきKPMG作成）

参考　懸念物質および高懸念物質

「懸念物質」および「高懸念物質」は，ESRSにおいて，以下のとおり定義されています。

- 懸念物質（substances of concern）
  以下のいずれかに該当する物質を指す。
  - 高懸念物質に該当する物質
  - CLP規則（1272/2008/EC）において，一定の有害性のある区分に分類されている物質
  - その他EUにおける製品固有のエコデザインの要求事項において物質のリユースやリサイクルにマイナスの影響があると定められているその他の物質

  ⇒例えば，一酸化炭素，ジアゾメタン，亜硝酸イソブチルなどが「懸念物質」に該当します（欧州化学庁「Table of harmonised entries in Annex VI to CLP」）。

■高懸念物質（substances of very high concern）
　REACH規則（1907/2006/EC）の57条に規定された規準に合致するほか，同規則の59条(1)で特定された物質を指す。

　　⇒例えば，メラミン，鉛，硫酸カドミウム，アクリルアミドなどが「高懸念物質」に該当します（欧州化学庁「Candidate List of substances of very high concern for Authorisation」）。

IROの管理に関する開示

汚染に係るIROの管理について、どのような情報の開示が求められていますか？

A. 企業は、汚染に係るIROの管理について、以下に関する情報を開示することが求められています。
- 汚染に関連する重要性があるIROを識別・評価するためのプロセス
- 汚染の防止および統制に関する方針
- 汚染に関するアクションおよびリソース

解説

ESRS E2号では、汚染に係るIROの管理について以下に関する情報を開示することが求められています。

1　汚染に関連する重要性があるIROを識別・評価するためのプロセス（ESRS 2 IRO-1）

企業は、汚染に関連する重要性があるIROを識別し評価するための自社のプロセスに関する情報について開示することが要求されています（ESRS E2.11）。

なお、開示対象か否かの判断にあたって汚染の重要性を評価する際に、LEAPアプローチ（後述の**参考**参照）を考慮することができるとされています。汚染に関するマテリアリティ評価は、LEAPアプローチの1～3段階目である「Locate」（自らの事業およびその上流および下流のバリューチェーンにおける自然との接点を識別）、「Evaluate」（汚染に関連する依存と影響を診断）および「Assess」（重要性があるリスクと機会の評価）に対応したものとされています（ESRS E2.AR1, AR2）。

参 考	LEAPアプローチ

LEAPアプローチとは，自然関連課題を識別・評価するためのデュー・デリジェンスプロセスのことであり，Locate，Evaluate，Assess，Prepareの4つのフェーズに分かれます（参考：ESRS E2.AR1）。

① Locate（発見）
　自社ならびに上流および下流のバリューチェーンのどこで自然との接点があるかを発見する。
② Evaluate（診断）
　汚染関連の依存とインパクトについて診断する。
③ Assess（評価）
　重要性があるリスクと機会を評価する。
④ Prepare（準備）
　マテリアリティ評価の結果を準備し，報告する。

2　汚染の防止および統制に関する方針（ESRS E2-1）

　汚染の防止および統制に関する重要性があるIROを管理するために企業が採用した方針について開示することが要求されています（ESRS E2.12）。

　この開示により，汚染に関する重要性があるIROを識別，評価，管理するほか，是正に向けて企業が採用した方針の内容について情報利用者が理解できるようにすることが企図されています（ESRS E2.13）。

3　汚染に関するアクションおよびリソース（ESRS E2-2）

　汚染に関するアクションとその実行のために割り当てられたリソースについて開示することが要求されています（ESRS E2.16）。

　この開示により，上記2で示した方針およびその目標の達成に向け，企業が実行した，または実行予定の主要なアクションの内容を情報利用者が理解できるようにすることが企図されています（ESRS E2.17）。

　アクションの開示にあたっては，「ミティゲーション・ヒエラルキー」（mitigation hierarchy）のどの階層にアクションと資源を割り当てることができるかについて開示することも認められています（ESRS E2.19）。「ミティゲーショ

ン・ヒエラルキー」は，生物多様性と生態系サービス（BEES）に与えるマイナスのインパクトを可能な限り軽減するための考え方で，回避，最小化，復元，オフセットという４つの主要なステップを順に実施することで，自然資源の持続可能な管理をすることが目指されています（The Cross Sector Biodiversity Initiative（CSBI）A cross-sector guide for implementing the Mitigation Hierarchy（2015年））。

　　上記の開示要求に関して開示すべき主なデータポイント（本文で記載したものを除く。）は，**図表50－1**のとおりです。

図表50－1　IROの管理について開示すべき情報

汚染に関連する重要性があるIROを識別・評価するためのプロセス（ESRS 2 IRO-1）	
■汚染に関する重要性があるIROを識別するためのプロセスに関する以下の説明 　●自社の事業ならびに上流および下流のバリューチェーンにおいて実際に生じたか潜在的に生じる可能性があるIROを識別するため，施設の場所や事業活動をどのようにスクリーニングしたか，またその際に利用した手法，仮定およびツール 　●影響を受けるコミュニティに対して協議したか，またどのように協議したか	E2.11
汚染の防止および統制に関する方針（ESRS E2-1）	
■汚染に関する重要性があるIROを管理するために企業が採用した方針に関連して，ESRS 2 MDR-P「重要性があるサステナビリティ課題を管理するために採用する方針」で示されている情報（**Q37**を参照）	E2.14
■重要性があると判断される場合，方針が，自社の事業ならびに上流および下流のバリューチェーンに関する以下の事項についてどのように対処しているかの説明 　●大気・水質・土壌の汚染に関連するマイナスのインパクトの緩和 　●懸念物質の最小化・代替化，高懸念物質の段階的廃止（特に，必要不可欠でない使用や消費者向け製品について） 　●事故・緊急事態の発生回避，発生した場合の環境・社会への影響の抑制	E2.15
■方針の対象となる汚染物質または（化学）物質に関する情報	E2.AR11
汚染に関するアクションおよびリソース（ESRS E2-2）	
■汚染に関連して，ESRS 2 MDR-A「重要性があるサステナビリティ課題に関連するアクションおよびリソース」で示されている情報（**Q37**を参照）	E2.18

（出所：ESRS E2号に基づきKPMG作成）

指標および目標の開示要求

汚染に係る指標および目標について,どのような情報の開示が求められていますか?

A. 企業は,汚染に係る指標および目標について,以下に関する情報を開示することが求められています。

- 汚染に関する目標
- 排出した汚染物質,および生成・利用したマイクロプラスチック
- 懸念物質および高懸念物質の生産,使用,流通,商業化,輸入および輸出
- 重要性がある汚染に関するリスクと機会から生じると予想される財務影響

解 説

ESRS E2号では,汚染に係る指標および目標について以下に関する情報を開示することが求められています。

1 汚染に関する目標(E2-3)

企業が設定した汚染に関する目標について開示することが要求されています(ESRS E2.20)。

この開示により,汚染に関する企業の方針を支援し,汚染関連の重要性があるIROに対処するために,企業がどのように目標を設定しているかを,情報利用者が理解できるようにすることが企図されています(ESRS E2.21)。

2 排出した汚染物質,および生成・利用したマイクロプラスチック(E2-4)

企業は,自社の事業において排出した汚染物質,および生成または使用したマイクロプラスチックに関する情報を開示することが要求されています(ESRS E2.26)。

第3章　ESRS：トピック別の基準　　**147**

この開示により，自社の事業活動に伴って発生する汚染物質の大気・水・土壌への排出量ならびにマイクロプラスチックの生成および使用状況について，情報利用者が理解できるようにすることが企図されています（ESRS E2.27）。

3　懸念物質および高懸念物質の生産，使用，流通，商業化，輸入および輸出（E2-5）

懸念物質および高懸念物質の生産，使用，流通，商業化，輸入および輸出に関する情報を開示することが要求されています（ESRS E2.32）。

この開示により，自社における懸念物質や高懸念物質が健康や環境に与えるインパクト，およびそれらの物質へのエクスポージャーおよび規制の影響から生じるリスクを含め，企業にとって重要性があるリスクおよび機会について，情報利用者が理解できるようにすることが企図されています（ESRS E2.33）。

4　重要性がある汚染に関するリスクと機会から生じると予想される財務影響（E2-6）

汚染に関する重要性があるリスクと機会から生じると予想される財務影響について開示することが要求されています（ESRS E2.36）。

この開示は，ESRS 2 SBM-3（48(d)）で求められる当期における財務影響に係る情報に加えて求められるものであり，この開示を行うことにより，情報利用者が以下の点を理解できるようにすることが企図されています（ESRS E2.38）。

- 汚染に関するインパクトと依存に起因する重要性があるリスクから生じると予想される財務影響，およびそれらのリスクが短期・中期・長期にわたり企業の財政状態，財務業績およびキャッシュ・フローにどのように重要性がある影響を及ぼしうるか
- 汚染の防止および統制に関する重要性がある機会から生じると予想される財務影響

上記の開示要求に関して開示すべき主なデータポイント（本文で記載したものを除く。）は，**図表51－1**のとおりです。

図表51-1 指標および目標に関する開示事項

汚染に関する目標（ESRS E2-3）	
■汚染に関する目標に関連して，ESRS 2 MDR-T「目標に関する方針およびアクションの有効性の追跡」で示されている情報（**Q38**を参照）	E2.22
■目標が汚染の防止および統制とどのように関連しているか 　●大気汚染物質およびそれぞれの汚染負荷量（製品の質量当たりの排出汚染物質の質量） 　●水への排出とそれぞれの汚染負荷量 　●土壌汚染とそれぞれの汚染負荷量 　●懸念物質および高懸念物質	E2.23
■企業が設定し開示している目標が，法令等で強制されたものか，自主的なものかについての情報	E2.25
排出した汚染物質，および生成・利用したマイクロプラスチック（ESRS E2-4）	
■以下の汚染物質について，連結ベースの総量 　●E-PRTR規制の補足Ⅱに記載されている，大気，水，土壌に排出された汚染物質 　●生成または使用されたマイクロプラスチック	E2.28, 29
■上記の情報を適切に理解するための開示として，時間の経過に伴う変化，測定方法，データの収集プロセス	E2.30
■排出量の定量化にあたって直接測定に劣る方法を選択した場合，その理由	E2.31
懸念物質および高懸念物質の生産，使用，流通，商業化，輸入および輸出（ESRS E2-5）	
■製造工程中に生成，使用され，または調達された懸念物質の総量，および排出物，製品，または製品やサービスの一部として企業施設から排出された懸念物質の総量	E2.34
重要性がある汚染に関するリスクと機会から生じると予想される財務影響（ESRS E2-6） 　　　　　　　　　　　　　　　　　　　　　　　　　　　　`経過措置` ≫ **Q40**	
■財務影響に関する以下の情報 　●予想される財務影響について，原則として，汚染に関連するアクションを考慮する前の状態での定量的情報 　●考慮した影響，関連するインパクト，および具現化すると考えられる時間軸についての説明 　●予想される財務影響の定量化にあたって使用した重要な仮定，仮定の情報源および不確実性の程度についての説明 　●関連する背景情報（重要性がある事故および沈殿物に関する説明を含む。）	E2.39, 41

`ESRS適用開始時の経過措置`

　図表内で「経過措置」とある個別の開示要求を対象とした経過措置（適用対象：すべての企業および連結グループの親会社）が設けられています。経過措置に関する詳細は，**Q40**をご参照ください。

（出所：ESRS E2号に基づきKPMG作成）

3-3 ESRS E3号「水および海洋資源」

Q52 水および海洋資源をめぐる動向

水および海洋資源をめぐる世界（EUを含む。）の動向について教えてください。

A. 淡水の確保，海洋資源や水産資源の保護を含め，水および海洋資源の管理は世界的に重要な課題の1つとなっています。

こうした認識を踏まえ，EUでは，水質保全，健全な水循環に向けた法令や規制の整備が進められています。

解　説

1　水および海洋資源に関する課題

地球上に存在する水のうち，人間が利用できる状態で地上に存在する淡水は地上の水（海水，淡水の全体）のわずか0.01％といわれています。そして，このわずかな淡水も，汚染，気候変動による干ばつおよび洪水により，人が利用可能な量が減少するリスクがあるといわれています。また，地球全体の人口増加により1人当たりの利用可能な水資源が減少しています（国土交通省ホームページ「国際的な水資源問題への対応」）。

同様に，海洋資源についてもさまざまな懸念が示されています。その1つが「海洋酸性化」で，GHGを海洋が吸収することで海水が酸性化し，海洋生物の生態系に悪影響が生じています。また，地球温暖化による海水温の上昇により海流が変化し，十分な酸素が海中に行き渡らないという「海水の酸素欠乏」も生じており，これも生態系に悪影響を及ぼしています。さらに，海洋に流れ込むプラスチックごみがマイクロプラスチックとなり，海洋生物に悪影響を与えています。

加えて，地球全体の人口増加により水産物の需要が世界的に拡大し，水産資

源の過剰な採取や乱獲が生じており，これも海洋資源や海洋の生態系に負の影響を与えています（世界経済フォーラムホームページ「われわれを取り巻く海の危機に対する，国際的な取り組みの強化が急務」）。

このような水および海洋資源が晒されているさまざまなリスクは，それら資源に依存して事業を営む企業にとって重要性があるリスクとなる可能性があります。同時に，自社の事業活動が水や海洋資源に対して重要性があるプラスまたはマイナスのインパクトを与えている可能性もあります。このため，企業がこれら資源との関係性，およびそこから生じるリスクと機会を投資家およびステークホルダーに対し説明することが重要な社会的責任となっています。

2　EUにおける取組み

欧州は世界の中でも相対的に水害発生の頻度や程度が低い地域とされてきましたが，1990年以降は欧州各地で水害，氾濫，土砂災害が継続して発生しています。これと同時に，近年は干ばつの発生頻度や程度も悪化しており，水資源へのアクセスが困難になる地域も出てきています。

このような水環境および水資源に関する課題への対応として，EU域内における水質に関する汚染防止と現状の水環境の改善を目的とした「EU水枠組指令」（Water Framework Directive（2000/60/EC））が2000年に採択されています。同指令は，EUにおけるあらゆる水域（河川，湖沼，地下水，沿岸水）を対象として，EU加盟国が2015年までに水の生態系の良好な状態を実現することを求めていました。しかし，2019年12月に公表された実績の評価では，投資，具体的な政策の実施，他の政策との統合，化学汚染への対応などの点で改善の余地があるとされ，2022年10月に欧州委員会から同指令を含め，関連する水関連の法令の改正案が提示されています（欧州委員会ホームページ「Water Framework Directive」）。

また，海洋資源については，欧州の海洋環境を2020年までに「良い環境状況」（Good Environment Status）を達成することを通じて海洋環境と海洋資源を保護することを目的として「海洋戦略枠組指令」（Marine Strategy Framework Directive（2008/56/EC））が2008年に採択されています（欧州委員会ホームページ「Marine environment」）。

第3章　ESRS：トピック別の基準　151

 「水および海洋資源」に係る開示要求の全体像

ESRS E3号「水および海洋資源」に係る開示要求の全体像は，どのようなものですか？

A. 　ESRS E3号は，E領域の他のトピック別の基準と同様，大きく「IROの管理」と「指標および目標」の2領域で開示要求が構成されています。
　ただし，水および海洋資源に関する指標のうち，水と海洋資源の性質の違いに着目して別個の開示要求が設けられている点が特徴的と考えられます。

解　説

ESRS E3号「水および海洋資源」の目的は，以下の点について情報利用者が理解できるような情報を提供することであるとされています（ESRS E3.1）。

- 重要性があるプラスおよびマイナスのインパクト（実際に生じたもの，または潜在的に生じる可能性があるもの）の観点から，企業が水および海洋資源にどのような影響を及ぼしているか
- マイナスのインパクト（実際に生じたもの，または潜在的に生じる可能性があるもの）を防止または軽減し，水および海洋資源を保護（水の消費量の削減を含む。）し，リスクおよび機会に対処するために企業が実行したアクションの内容およびその結果
- 関連する法令等を考慮したうえで，欧州グリーンディールの目標（清浄な空気，浄水，健康な土壌および生物多様性）およびブルーエコノミー（後述の**参考**参照）と漁業関連のセクターの持続可能性に企業が貢献しているか，貢献している場合にはその内容および程度
- 長期的に利用可能な水資源の保全，水生生態系の保護，淡水および海洋の生息地の回復に基づく持続可能な水使用の推進に向け，戦略およびビジネスモデルを適合させる企業の計画およびその実行能力
- 水および海洋資源に対する企業のインパクトと依存から生じる重要性があるリスクおよび機会の性質，種類および程度，ならびに企業がそれらをどのように管理しているか
- 水および海洋資源に対する企業のインパクトと依存から生じる，短期・中期・長期の重要性があるリスクと機会が企業に与える財務影響

| 参 考 | ブルーエコノミー（Blue Economy） |

　ブルーエコノミー（Blue Economy）とは，海洋，海，沿岸に関連するすべての産業やセクターに関連する経済活動を指すものです。これは，「海洋環境」を前提とする産業等と「陸地環境」を前提とする産業等に区分されます（ESRS 1, ANNEX II, Table 2 Terms defined in the ESRS）。

　ESRS E3号において「水」には表流水と地下水が含まれており，水の消費量，および取水量と排水量について開示要求が設けられています。他方，「海洋資源」については，水とは別に，それら資源の採取および利用，ならびに関連する経済活動について開示要求が設けられています（ESRS E3.2, 3）。

　ESRS E3号は，ESRS 2号における開示要求を前提として，大きく「IROの管理」と「指標および目標」の2領域で開示要求が構成されており，他のトピック別の基準と大きな相違はありません。ただし，水と海洋資源の性質の違いに着目して別個の開示要求が設けられている点が特徴的と考えられます。

　ESRS E3号の開示要求の全体像は，**図表53－1**のように示すことができます。

図表53－1　ESRS E3号「水および海洋資源」の開示要求の全体像

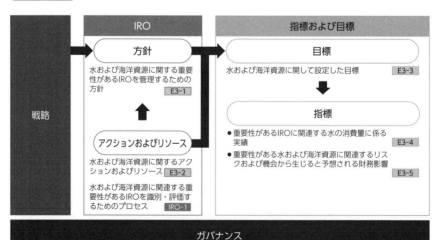

（出所：ESRS E3号に基づきKPMG作成）

第3章　ESRS：トピック別の基準　153

 IROの管理に関する開示

水および海洋資源に係るIROの管理について，どのような情報の開示が求められていますか？

A.　企業は，水および海洋資源に係るIROの管理について，以下に関する情報を開示することが求められています。
- 重要性がある水および海洋資源に関連するIROを識別・評価するためのプロセス
- 水および海洋資源に関する方針
- 水および海洋資源に関するアクションおよびリソース

解説

ESRS E3号では，水および海洋資源に係るIROの管理について，以下に関する情報を開示することが求められています。

1　重要性がある水および海洋資源に関連するIROを識別・評価するためのプロセス（ESRS 2 IRO-1）

水および海洋資源と関連する重要性があるIROを識別するための自社のプロセス，および以下に関する情報を開示することが要求されています（ESRS E3.8）。

- 自社の事業ならびに上流および下流のバリューチェーンにおけるIROを識別するため，自社の資産や活動をどのようにスクリーニングしたか，またその際に利用した方法，仮定およびツール
- 影響を受けるコミュニティに対して協議を実施したか，またどのように協議したか

2　水および海洋資源に関する方針（ESRS E3-1）

水および海洋資源に関する重要性があるIROを管理するために企業が採用し

た方針について開示することが要求されています（ESRS E3.9）。

　この開示により，水および海洋資源に関して重要性があるIROを識別，評価，管理するほか，是正に向けて企業が採用した方針の内容について情報利用者が理解できるようにすることが企図されています（ESRS E3.10）。

3　水および海洋資源に関するアクションとリソース（ESRS E3-2）

　水および海洋資源に関するアクションとその実行のために割り当てられたリソースについて開示することが要求されています（ESRS E3.15）。アクションの内容は，識別した重要性があるIROに対応したものである必要があり，その検討にあたってはAWS（Alliance for Water Stewardship）から提供されている基準およびガイダンスを考慮することが有用とされています（ESRS E3. AR19）。

　上記の開示により，水および海洋資源に関する方針およびその目標の実現に向け，企業が実行した，または実行予定の主要なアクションの内容を情報利用者が理解できるようにすることが企図されています（ESRS E3.16）。

　上記の開示要求に関して開示すべき主なデータポイント（本文で記載したものを除く。）は，**図表54－1**のとおりです。

図表54－1　IROの管理について開示すべき情報

水および海洋資源に関する方針（ESRS E3-1）	
■水および海洋に関する重要性があるIROを管理するために企業が採用した方針に関連して，ESRS 2 MDR-P「重要性があるサステナビリティ課題を管理するために採用する方針」で示されている情報（**Q37を参照**）	E3.11
■重要性がある場合，水および海洋資源に関する企業の方針が，以下の事項にどのように対処しているかの説明 ●水の管理（自社の事業における水および海洋資源の利用および調達方針，より持続可能な水の調達に向けた水の処理，自社の事業活動に起因する水汚染の防止および軽減） ●水関連課題の解決や海洋資源の保全の観点を取り入れた自社の製品やサービスのデザイン ●自社や上流および下流のバリューチェーンで水リスクが認められる地域における，重要性がある水消費量の削減に対するコミットメント	E3.12
■自社の事業活動の拠点に水ストレスが高い地域が含まれているが，その拠点を自社の方針に含めていない場合，その事実と方針に含めていない理由の説明	E3.13

第3章　ESRS：トピック別の基準　　**155**

■持続可能な海洋に関する方針や施策を採択しているかどうかの説明	E3.14
水および海洋資源に関するアクションとリソース（ESRS E3-2）	
■水および資源に関連して，ESRS 2 MDR-A「重要性があるサステナビリティ課題に関連するアクションおよびリソース」で示されている情報（**Q37**を参照）	E3.17
■水リスクが認められる地域（水ストレスが高い地域を含む。）に関連するアクションおよびリソースに関する情報	E3.19

（出所：ESRS E3号に基づきKPMG作成）

Q55 指標および目標の開示

水および海洋資源に係る指標および目標について、どのような情報の開示が求められていますか？

A. 企業は、水と海洋資源に係る指標および目標について、以下に関する情報を開示することが求められています。
- 水および海洋資源に関する目標
- 水の消費量
- 重要性がある水および海洋資源に関連するリスクおよび機会から生じると予想される財務影響

解説

ESRS E3号では、水および海洋資源に係る指標および目標について、以下に関する情報を開示することが求められています。

1 水および海洋資源に関する目標（E3-3）

企業が設定した水および海洋資源に関する目標について開示することが要求されています（ESRS E3.20）。

この開示により、水および海洋資源に関する企業の方針を下支えするほか、重要性があるIROに対処するために企業が設定した目標について情報利用者が理解できるようにすることが企図されています（ESRS E3.21）。

2 水の消費量（E3-4）

目標の開示に続けて、重要性があるIROに関連する水の消費量に係る実績に関する情報について開示が要求されています（ESRS E3.26）。この開示にあたっては、背景情報として、実績を測定した際の手法（特に直接測定、サンプリングと推定、最善の見積りの構成比）の開示が要求されています（ESRS E3.AR29）。

この開示により、自社の水の消費の状況と、設定した目標に対する企業の達

成状況について，情報利用者が理解できるようにすることが企図されています（ESRS E3.27）。

3　重要性がある水および海洋資源に関連するリスクおよび機会から生じると予想される財務影響（E3-5）

　重要性がある水および海洋資源に関連するリスクと機会から生じると予想される財務影響について開示することが要求されています（ESRS E3.30）。

　この開示により，情報利用者が以下の点を理解できるようにすることが企図されています（ESRS E3.32）。

- 水および海洋資源に関するインパクトと依存に起因する重要性があるリスクから生じると予想される財務影響，およびこれらのリスクが短期・中期・長期にわたり企業の財政状態，財務業績およびキャッシュ・フローに対してどのように重要性がある影響を及ぼしうるか
- 水および海洋資源に関する重要性がある機会から生じると予想される財務影響

　上記の開示要求に関して開示すべき主なデータポイント（本文で記載したものを除く）は，**図表55-1**のとおりです。

図表55-1　指標および目標について開示すべき情報

水および海洋資源に関する目標（ESRS E3-3）	
■水および海洋資源に関する目標に関連して，ESRS 2 MDR-T「目標に関する方針およびアクションの有効性の追跡」で示されている情報（**Q38**を参照）	E3.22
■水および海洋資源に関する企業の目標が下記とどのように関連しているかの説明 ・水リスクが認められる地域に関連する重要性があるIROの管理（水質の改善を含む。） ・海洋資源に関するIROの責任ある管理（海洋砂利，深海鉱物，水産物等の企業が利用する海洋資源関連の資産の性質と量を含む。） ・水消費量の削減（設定した目標と水リスクが認められる地域との関係についての説明を含む。）	E3.23
水の消費量（ESRS E3-4）	
■自社の事業における水の消費量の実績に関する以下の情報 ・水の総消費量（立方メートルで表示） ・水リスクが認められる地域（水ストレスが高い地域を含む。）における水の総消費量（立方メートルで表示） ・水のリサイクル量および再利用量（立方メートルで表示）	E3.28

● 総貯水量および貯水量の変化（立方メートルで表示） ● 上記開示項目に関して必要な背景情報（水流域の水質および水量，およびどのようにデータが作成されたか等）	
■ 自社の水の消費量の原単位（原則として，自社の事業における水の総消費量を純売上高で除して算定）	E3.29, AR31

重要性がある水および海洋資源に関連するリスクおよび機会から生じると予想される財務影響
(ESRS E3-5) `経過措置 ≫ Q40`

■ 財務影響に関する以下の情報 ● 水および海洋資源に向けたアクションを考慮する前の予想される財務影響に関する定量情報 （※） レンジによる開示も認められているほか，算定にあたって不当なコストや負荷を要する場合，定性情報のみによることも認められている。 　　また，重要性がある機会から生じる財務影響については，情報の質的特性（ESRS 1, Appendix B）を満たさない場合，当該機会に関する定量情報の開示は不要とされている。 ● 考慮した影響，影響が関連するインパクトと依存の内容，および発現すると考えられる時間軸 ● 予想される財務影響を定量化する際に利用した重要な仮定の内容，および仮定の不確実性の源およびその程度	E3.33, AR34

`ESRS適用開始時の経過措置`

　図表内で「経過措置」とある個別の開示要求を対象とした経過措置（適用対象：すべての企業および連結グループの親会社）が設けられています。経過措置に関する詳細は，**Q40**をご参照ください。

（出所：ESRS E3号に基づきKPMG作成）

第3章　ESRS：トピック別の基準　　**159**

3-4 ESRS E4号「生物多様性および生態系」

Q56 生物多様性および生態系をめぐる動向

生物多様性および生態系をめぐる世界（EUを含む。）の動向について教えてください。

A. 　近年，気候変動への対処のためにも生物多様性の保全を通じた統合的解決が必要という認識の下，2022年12月，生物多様性条約COP15において，生物多様性の新たな世界目標「昆明・モントリオール生物多様性枠組」が採択されました。これを踏まえ，EUでも生態系と生物多様性の保全に関するさまざまな取組みが進められています。

　また，生物多様性および生態系に係る開示については，自然関連財務情報開示タスクフォース（TNFD）による提言が示されており，TNFDフレームワークを踏まえた開示が推奨されています。

解説

1　昆明・モントリオール生物多様性枠組

　2022年に開催された生物多様性条約（Convention of Biological Diversity）第15回締約国会議（COP15）において，2010年に採択された「愛知目標」の後継であり2020年以降の生物多様性に関する世界目標となる「昆明・モントリオール生物多様性枠組」が採択されました。昆明・モントリオール生物多様性枠組では，「自然と共生する世界」という2050年ビジョンを掲げつつ，その具体的な姿を4つの「2050年グローバルゴール」で表しています。また，自然を回復軌道に乗せるために，生物多様性の損失を止め反転させるための緊急の行動をとることを「2030年ミッション」として掲げています。

　このミッション実現のために，世界全体で取るべき緊急の行動が，生物多様

性の観点から2030年までに陸と海の30％以上を保全する「30 by 30目標」や事業者における生物多様性への影響評価・開示を求めるなどの23のグローバルターゲットとして定められています。

2　EUの動向

EUでは，2019年12月に欧州委員会が「欧州グリーンディール」を公表しており，この中で「生態系および生物多様性の保護と再生」が重要なトピックとして位置付けられています。これを受け，欧州委員会は2020年5月に「2030年生物多様性戦略」（Biodiversity Strategy for 2030）を策定しました。同戦略は，自然を保護し，生態系の劣化を逆転させるための包括的で野心的な長期計画であり，2030年までに欧州の生物多様性を回復軌道に乗せることを目指しており，具体的な行動やコミットメントが含まれています。この戦略を実現するため，少なくとも年間200億ユーロ以上の予算を投入することが示唆されています（EU Biodiversity Strategy for 2030）。

また，2024年6月には「欧州自然再生法」（Nature Restoration Law）が採択されています。「自然再生法」では，2030年までにEUの陸・海域の少なくとも20％，2050年までに修復が必要なすべての生態系の回復を目標としています。この規制は，陸地，海洋，淡水，森林，農業，都市の生態系における自然の回復に関する具体的で法的拘束力のある目標と義務を設定しています。具体的な措置には，受粉媒介者や草地の蝶の保護，都市の緑地の保護，2030年までにEU全体で少なくとも30億本の追加の樹木を植えることなどが含まれています。

3　TNFDフレームワーク

2023年9月，TNFD（Taskforce on Nature-related Financial Disclosures）から自然関連のリスクと機会の管理と開示のあり方に関する提言（以下「TNFD提言」という。）が公表されました。TNFDは，自然関連の依存，インパクト，リスクと機会について事業会社や金融機関が評価・報告・行動することを奨励するため，開示に関する提言やガイダンスを開発する国際的なイニシアチブであり，気候関連財務情報開示タスクフォース（TCFD）の成功体験を引き継ぎ，同様の取組みを自然と生物多様性に広げたものと位置付けられます。

第3章　ESRS：トピック別の基準　　**161**

　TNFD提言では，自然関連の財務情報に関する開示の枠組み（以下「TNFDフレームワーク」という。）が示されています。TNFDフレームワークでは，TCFD提言で示されたフレームワークと類似する形で，４つの報告領域，すなわちガバナンス，戦略，リスクとインパクトの管理，および指標と目標について推奨される開示項目が示されています。他方で，TNFDフレームワークでは，自然や生物多様性の状況が場所によって異なることを踏まえ，場所を意識した開示が推奨されており，推奨される開示項目が14個（TCFD提言では11個）となっています。

　図表56－１において，TNFDにより推奨されている開示項目の全体像をまとめています。

　ESRS E4号で開示が要求されている情報は，TNFDにより推奨されている開示項目との整合性を意識したものとなっています。この点，2024年６月に，TNFDとEFRAGから共同で相互の基準／フレームワークの対照表が公表されており，主な差異について説明されています。

図表56－1 TNFDにより推奨されている開示項目の全体像

ガバナンス	戦略	リスクとインパクトの管理	指標と目標
自然関連の依存・インパクト・リスク・機会に係る組織のガバナンスを開示する	自然関連の依存・インパクト・リスク・機会における組織のビジネスモデル・戦略・財務計画への影響を開示する（重要な場合）	自然関連の依存・インパクト・リスク・機会について，組織がどのように識別・評価・優先順位付け・管理しているか開示する	自然関連の重要な依存・インパクト・リスク・機会を評価・管理する際に使用する指標と目標を開示する
A. 取締役会による自然関連の依存・インパクト・リスク・機会の監視体制	A. 組織が識別した，短期・中期・長期の自然関連の依存・インパクト・リスク・機会	A.(i)直接操業している場合における自然関連の依存・インパクト・リスク・機会を識別・評価・優先順位付けするプロセス	A. 組織が自らの戦略とリスク管理プロセスに即して，自然関連の重要なリスク・機会を評価し管理する際に用いる指標
B. 自然関連の依存・インパクト・リスク・機会を評価・管理するうえでの経営者の役割	B. 自然関連の依存・インパクト・リスク・機会が組織のビジネスモデル・戦略・財務計画および移行計画または分析に及ぼす影響	A.(ii)組織のバリューチェーン上の上流・下流における自然関連の依存・インパクト・リスク・機会を識別・評価・優先順位付けするプロセス	B. 組織が，自然への依存とインパクトを評価し管理するために用いる指標
C. 自然関連の依存・インパクト・リスク・機会の評価と対応に関する先住民，地域社会，影響を受けるステークホルダーに対する組織の人権方針とエンゲージメント活動，取締役会と経営者による監督	C. さまざまなシナリオを踏まえた，自然関連リスク・機会に対する組織の戦略のレジリエンス	B. 組織が自然関連の依存・インパクト・リスク・機会を管理するプロセス	C. 組織が自然関連の依存・インパクト・リスク・機会を管理するために用いる目標および実績
TNFDフレームワーク独自項目（TCFDフレームワークには存在しない。）	D. 直接操業している場合，資産および／または活動のある場所また，可能な場合，バリューチェーン上の上流・下流において優先地域の要件を満たす場所	C. 組織が自然関連リスクを識別・評価・優先順位付け・管理するプロセスが，どのように組織の総合的リスク管理に統合・連携されているか	

(出所：「自然関連財務情報開示タスクフォースの提言」（2023年９月）に基づきKPMG作成)

第3章 ESRS：トピック別の基準　163

 「生物多様性および生態系」に係る開示要求の全体像

ESRS E4号「生物多様性および生態系」に係る開示要求の全体像は，どのようなものですか？

A.　　ESRS E4号は，「IROの管理」と「指標および目標」に加え，「戦略」を含む3領域で開示要求が構成されています。
　　また，昆明・モントリオール生物多様性枠組等の国際的な協定や目標に関連する企業による取組みについて開示が要求されている点が特徴的と考えられます。

解説

ESRS E4号「生物多様性および生態系」の目的は，以下の点について情報利用者が理解できるような情報を提供することであるとされています（ESRS E4.1）。

- 重要性があるプラスおよびマイナスのインパクト（実際に生じたもの，または潜在的に生じる可能性のあるもの）の観点から，企業が生物多様性および生態系にどのような影響を及ぼしているか
- マイナスのインパクト（実際に生じたもの，または潜在的に生じる可能性があるもの）の防止または軽減，および生物多様性および生態系の保護および回復のために，またリスクと機会に対処するために，企業が実行したアクションの内容およびその結果
- プラネタリー・バウンダリー，昆明・モントリオール生物多様性枠組，2030年生物多様性戦略，野生鳥類保護指令および海洋戦略枠組指令に沿って企業の戦略とビジネスモデルを適合させる企業の計画およびその実行能力
- 生物多様性および生態系に関連する，企業の重要性があるリスク，依存および機会の性質，種類および程度，ならびに企業がそれをどのように管理しているか
- 企業の生物多様性および生態系に対するインパクトと依存から生じる，企業の短期・中期・長期の重要性があるリスクと機会の財務影響

ESRS E4号は，ESRS 2号における開示要求を前提として，大きく「IROの

管理」と「指標および目標」に加え、「戦略」も含む3領域で開示要求が構成されています。また、昆明・モントリオール生物多様性枠組等の国際的な協定や目標に関連する企業による取組みについて開示が要求されている点が特徴的と考えられます。

ESRS E4号の開示要求の全体像は、**図表57-1**のように図示することができます。

図表57-1 ESRS E4号「生物多様性および生態系」の開示要求の全体像

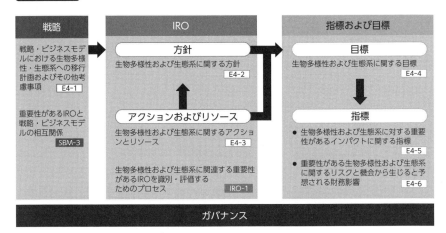

(出所：ESRS E4号に基づきKPMG作成)

Q58 戦略に関する開示

生物多様性および生態系に係る戦略について，どのような情報の開示が求められていますか？

A. 企業は，生物多様性および生態系に係る戦略について，以下に関する情報を開示することが求められています。

- 生物多様性・生態系がどのように戦略やビジネスモデルに影響を与えるか
- 重要性があるIROならびに戦略およびビジネスモデルとの関係

解説

ESRS E4号では，生物多様性および生態系に係る戦略について以下に関する情報を開示することが求められています。

1 戦略・ビジネスモデルにおける生物多様性・生態系への移行計画およびその他考慮事項（E4-1）

企業は，生物多様性および生態系へのインパクト，依存，リスクおよび機会がどのように発生し，またどのように自社の戦略およびビジネスモデルの適合を必要とするものかについて開示することが要求されています（ESRS E4.11）。

この開示により，生物多様性および生態系に関連する企業の戦略およびビジネスモデルのレジリエンス，ならびに関連する地方，国，世界の公共政策目標に関する企業の戦略およびビジネスモデルの適合性を理解できるようにすることが企図されています（ESRS E4.12）。

2 重要性があるIROならびに戦略およびビジネスモデルとの関係（ESRS 2 SBM-3）

企業は，戦略およびビジネスモデルとの関連で，特定の情報について説明することが要求されています。

上記の開示要求に関して開示すべき主なデータポイント（本文で記載したものを除く。）は，**図表58－1**のとおりです。

図表58－1 戦略について開示すべき情報

戦略・ビジネスモデルにおける生物多様性・生態系への移行計画およびその他考慮事項（ESRS E4-1）	
■生物多様性および生態系に関連した戦略およびビジネスモデルのレジリエンスについて，以下の情報 　●生物多様性および生態系に関連する物理，移行，システミックリスクに対する現在のビジネスモデルおよび戦略のレジリエンスの評価 　●自社の事業とその上流および下流のバリューチェーンに関するレジリエンス分析の範囲，ならびに当該分析で考慮したリスクの範囲 　●主要な仮定 　●使用された時間軸 　●レジリエンス分析の結果 　●ステークホルダーの関与	E4.13
重要性があるIROならびに戦略およびビジネスモデルとの関係（ESRS 2 SBM-3）	
■以下の情報 　●生物多様性，生態系へのインパクトの特定および評価の結果，自社の事業において重要性があるとされた拠点のリスト 　●土地の劣化，砂漠化，土壌シーリングに関して重要性があるマイナスのインパクトを識別したか否か 　●絶滅危惧種に影響を与える事業があるかどうか	E4.16

（出所：ESRS E4号に基づきKPMG作成）

Q59 IROの管理に関する開示

生物多様性および生態系に係るIROの管理について、どのような情報の開示が求められていますか？

A. 企業は、生物多様性および生態系に係るIROの管理について、以下に関する情報を開示することが求められています。

- 生物多様性および生態系に関連する重要性があるインパクト、リスク、依存および機会を識別・評価するためのプロセス
- 生物多様性および生態系に関する方針
- 生物多様性および生態系に関するアクションとリソース

解説

ESRS E4号では、生物多様性および生態系に関連するIROの管理について、以下の情報を開示することが求められています。

1 生物多様性および生態系に関連する重要性があるインパクト、リスク、依存および機会を識別・評価するためのプロセス（ESRS 2 IRO-1）

生物多様性および生態系に関連する重要性があるインパクト、リスク、依存および機会を識別・評価するための自社のプロセスについて開示することが要求されています（ESRS E4.17）。

2 生物多様性および生態系に関する方針（ESRS E4-2）

生物多様性および生態系に関連する重要性があるインパクト、リスク、依存および機会を管理するために企業が採用した方針の内容を開示することが要求されています（ESRS E4.20）。

この開示により、生物多様性および生態系に関連する重要性があるインパクト、依存、リスクおよび機会の識別、評価、管理および是正に取り組むため企業が採用した方針の内容を、情報利用者が理解できるようにすることが企図さ

れています（ESRS E4.21）。

3　生物多様性および生態系に関連するアクションとリソース (ESRS E4-3)

　生物多様性および生態系に関連するアクションとその実行のために割り当てられたリソースの内容について開示することが要求されています（ESRS E4.25）。

　この開示により，生物多様性および生態系に関する方針とその目標の実現に対し重要な貢献をする，企業が実行した，または実行予定の主要なアクションの内容について情報利用者が理解できるようにすることが企図されています（ESRS E4.26）。

　上記の開示要求に関して開示すべき主なデータポイント（本文で記載したものを除く。）は，**図表59－1**のとおりです。

図表59－1　**IROの管理について開示すべき情報**

生物多様性および生態系に関連する重要性があるインパクト，リスク，依存および機会を識別・評価するためのプロセス（ESRS 2 IRO-1）	
■生物多様性および生態系に関連する重要性があるインパクト，リスク，依存および機会を識別するためのプロセスに関する以下の説明 ●企業が自社の拠点および上流と下流のバリューチェーンにおける生物多様性および生態系へのインパクト（実際に生じたもの，または潜在的に生じる可能性があるもの）をどのように識別・評価したか ●企業が自社の拠点および上流と下流のバリューチェーンにおける生物多様性，生態系および生態系サービスに対する依存関係をどのように識別・評価したか ●生物多様性および生態系に関連する移行・物理リスクと機会をどのように識別・評価したか ●どのようにシステミックリスクを考慮したか ●共有する生物資源や生態系の持続可能性の評価について，インパクトを受けるコミュニティとどのように協議を実施したか	E4.17
■以下の項目に関する具体的な開示 ●生物多様性のインパクトを受けやすい地域やその周辺に拠点があるかどうか，また拠点に関する自社の活動が地域に負のインパクトを与えているか ●関連する法令で示されているような生物多様性の緩和策を実施することが必要であると結論付けたか	E4.19
生物多様性および生態系に関する方針（ESRS E4-2）	

第3章　ESRS：トピック別の基準　　**169**

■生物多様性および生態系に関する重要性があるIROを管理するために企業が採用した方針に関連して，ESRS 2 MDR-P「重要性があるサステナビリティ課題を管理するために採用する方針」で示されている情報（**Q37**を参照）	E4.22
■生物多様性および生態系に関する企業の方針についての以下の情報 ● ESRS E4. AR4に示された事項とどのように関連するか ● 生物多様性および生態系への重要性があるインパクトとどのように関連するか ● 重要性がある依存関係，物理・移行リスクおよび機会とどのように関連するか ● バリューチェーンにおける，生物多様性および生態系に重要性があるインパクト（実際に生じたもの，または潜在的に生じる可能性があるもの）を与える製品，部品および原料のトレーサビリティをどのように支援するか ● 生物多様性の状態と利得または損失の定期的なモニタリングと報告によって示されるように，生物多様性を維持または強化するよう管理されている生態系からの生産，調達または消費にどのように取り組んでいるか ● 生物多様性および生態系に関するインパクトの社会的影響にどのように対処するか	E4.23
■以下に関して方針を採用しているか ● 生物多様性の影響を受けやすい地域またはその付近で所有，リース，管理される事業用の拠点を対象とする生物多様性および生態系保護に関する方針 ● 持続可能な土地および農業に関する実務または方針 ● 持続可能な海洋・海に関する実務または方針 ● 森林破壊に対処するための方針	E4.24
生物多様性および生態系に関連するアクションおよびリソース（ESRS E4-3）	
■生物多様性および生態系に関連して，ESRS 2 MDR-A「重要性があるサステナビリティ課題に関連するアクションおよび資源」で示されている情報（**Q37**を参照）	E4.27
■以下の情報 ● アクションプランにおいて生物多様性のオフセットを使用したか ● 生物多様性および生態系に関連するアクションに，地域や先住民の知識，自然に基づく解決策をどのように取り入れたか	E4.28(b) E4.28(c)

（出所：ESRS E4号に基づきKPMG作成）

Q60 指標および目標の開示

生物多様性および生態系に係る指標および目標について，どのような情報の開示が求められていますか？

A. 企業は，生物多様性および生態系に係る指標および目標について，以下に関する情報を開示することが求められています。
- 生物多様性および生態系に関する目標
- 生物多様性および生態系に対する重要性があるインパクトに関する指標
- 重要性がある生物多様性および生態系に関するリスクと機会から生じると予想される財務影響

解説

ESRS E4号では，生物多様性および生態系に関連する指標および目標について以下に関する情報を開示することが求められています。

1 生物多様性および生態系に関する目標（E4-4）

企業が設定した生物多様性および生態系に関する目標について開示することが要求されています（ESRS E4.29）。

この開示により，生物多様性および生態系に関する企業の方針を支援するほか，重要性があるインパクト，依存，リスクおよび機会に対処するために企業が設定した目標について情報利用者が理解できるようにすることが企図されています（ESRS E4.30）。

2 生物多様性および生態系に対する重要性があるインパクトに関する指標（E4-5）

目標の開示に続き，生物多様性および生態系に対する重要性があるインパクトに関連する指標について開示が要求されています（ESRS E4.33）。

この開示により，生物多様性および生態系の変化に関するマテリアリティ評

第3章　ESRS：トピック別の基準　　**171**

価において重要性があると識別されたインパクトに対する企業のパフォーマンスについて，情報利用者が理解できるようにすることが企図されています（ESRS E4.34）。

3　重要性がある生物多様性および生態系に関するリスクと機会から生じると予想される財務影響（E4-6）

　生物多様性および生態系に関連する重要性があるリスクと機会から生じると予想される財務影響について開示することが要求されています（ESRS E4.42）。

　この開示により，情報利用者が以下の点を理解できるようにすることが企図されています（ESRS E4.44）。

- 生物多様性および生態系に関するインパクトと依存に起因する重要性があるリスクから生じると予想される財務影響，およびこれらのリスクが短期・中期・長期にわたり企業の財政状態，財務業績およびキャッシュ・フローに対してどのように重要性がある影響を及ぼしうるか
- 生物多様性および生態系に関する重要性がある機会から生じると予想される財務影響

　上記の開示要求に関して開示すべき主なデータポイント（本文で記載したものを除く。）は，**図表60－1**のとおりです。

図表60－1　　指標および目標について開示すべき情報

生物多様性および生態系に関する目標（ESRS E4-4）	
■生物多様性および生態系に関する目標に関連して，ESRS 2 MDR-T「目標に関する方針およびアクションの有効性の追跡」で示されている情報（**Q38**を参照）	E4.31
■生物多様性および生態系に関する目標に関する以下の情報 　●目標を設定する際に生態学的閾値[注]と事業への影響の配分が考慮されたか 　●目標が，昆明・モントリオール生物多様性枠組，2030年のEU生物多様性戦略，およびその他の生物多様性および生態系に関連する国の政策や法律を考慮しているか，またはそれらと整合しているか 　●目標が，自社の事業活動および上流と下流のバリューチェーンに関連して企業が特定した生物多様性および生態系へのインパクト，依存，リスクおよび機会とどのように関係するか 　●設定した目標の地理的範囲	E4.32

- 目標の設定において，生物多様性オフセットを使用したか
- 目標がミティゲーション・ヒエラルキーのどの階層（回避，最小化，回復，補填または相殺）に該当するか

（注）　生態学的閾値（ecological threshold）とは，外的条件の比較的小さな変化が生態系に急激な変化をもたらすことになる境界を意味します。その閾値を超えると生態系は備わっている回復力によって元の状態に戻れなくなる可能性が高まります（ESRS 1, ANNEX II, Table 2 Terms defined in the ESRS）。

生物多様性および生態系の変化に関するインパクト指標（ESRS E4-5）	
■ 生物多様性の影響を受けやすい地域またはその付近に拠点が所在し，かつそれが生物多様性に悪影響を及ぼしている場合，保護地域または生物多様性の主要地域内またはその周辺に所有，リースまたは管理している拠点の数および面積	E4.35
■ 自社事業における土地利用，淡水利用，海域利用の変化によるインパクト要因に直接寄与していると結論付けた場合，関連する指標	E4.37, 38
重要性がある生物多様性および生態系に関するリスクと機会から生じると予想される財務影響（ESRS E4-6）　　　　　　　　　　　　　　　　　　経過措置 ≫ Q40	
■ 財務影響に関する以下の情報 ・ 原則として，生物多様性および生態系に関連するアクションを考慮する前の前提で予想される財務影響に関する定量的情報 ・ 考慮した影響，影響が関連するインパクトと依存の内容，およびそれらが具現化すると考えられる時間軸についての説明 ・ 予想される財務影響を定量化する際に利用した重要な仮定の内容，および仮定の不確実性の原因およびその程度	E4.45

（ESRS適用開始時の経過措置）

　図表内で「経過措置」とある個別の開示要求を対象とした経過措置（適用対象：すべての企業および連結グループの親会社）のほか，ESRS E4号についてはすべての開示要求を対象とした経過措置（適用対象：直近事業年度の平均従業員数が750名以下の企業または連結グループの親会社）が設けられています。経過措置に関する詳細は，Q40をご参照ください。

（出所：ESRS E4号に基づきKPMG作成）

第3章　ESRS：トピック別の基準　　**173**

3－5 | ESRS E5号「循環型経済」

Q61 循環型経済をめぐる動向

循環型経済をめぐる世界（EUを含む。）の動向について教えてください。

A. 　資源の持続的な利用を促進する循環型経済は，廃棄物の削減によるGHGの削減を通じた気候変動への対応のみならず，新しいビジネスモデルを生み出し企業の競争力を高めるものとして世界各国で注目されています。

　とりわけ，EUでは欧州グリーンディールを受け，近年，循環型経済への取組みが強力に進められ，欧州委員会およびEU各国による域内基準やルールの整備が進められています。

解 説

1　直線型経済から循環型経済への転換

　循環型経済（「サーキュラーエコノミー」または「循環経済」とも呼称）とは，廃棄物処理のヒエラルキーの適用等を通じて，経済における製品，原材料およびその他の資源の価値を可能な限り長期にわたり維持し，製造と消費の過程でこれらが効率的に利用されることを促進することにより，利用に伴う環境への影響を低減し，資源のライフサイクルのすべての段階において有害物質の放出を最小限に抑える経済システムと定義されています（ESRS E5.3）。

　また，製品や原材料の高い耐久性，最適な利用または再利用，改修，再生，リサイクル，養分の循環を可能とするシステムを構築することによって，技術的な資源および自然由来の資源，製品や原材料の価値を最大化し維持可能とすることが，循環型経済の目指す姿とされています（ESRS E5.3）。

循環型経済の考え方が出てくる以前は，天然資源を採取し，それを原材料として製品を製造し，利用後は再利用することなく廃棄するという考え方が通常であり，環境影響を考慮しない大量生産・大量消費・大量廃棄の経済システムでした。こうした経済システムは循環型経済と対比して，採取・製造・廃棄（take-make-waste）の経済システムとされており，資源の利用が循環せず一方向であることから「線形経済」や「直線型経済」と呼称する場合もあります（ESRS E5.5）。

循環型経済の特徴をどのように捉えるかについてはさまざまな考え方が存在していますが，その1つの例として経済産業省が公表した「成長志向型の資源自律経済戦略」では，循環型経済への移行のためには，資源利用の最小化，資源の循環的利用および製品価値の最大化を追求する必要があると整理され，その点が採取・製造・廃棄（take-make-waste）の経済システムと異なるとされています。

さらに，この循環型経済への移行により，資源の効率的・循環的な利用が進み資源効率が高まることで，プラネタリー・バウンダリー（地球の限界）を超えることなく資源消費および環境影響と経済活動をデカップリング（切り離し）しながら，同時にウェルビーイング（人間の幸福）の向上が可能になるとされています（出所：経済産業省「成長志向型の資源自律経済戦略」2023年3月31日）。

図表61－1において，採取・製造・廃棄を前提とした直線型経済と循環型経済との対比を図示しています。

2　欧州の取組み

直線型経済の考え方がまだ一般的であった2015年に，環境への配慮意識が高かったEUにおいて欧州委員会から最初の「サーキュラーエコノミー行動計画」が公表されました。この中で循環型経済へのシフトが，EUの国際的な競争力の向上や持続可能な成長のための産業政策として位置付けられ，循環型経済に向けた具体的な行動が示されました。これにより，EU域内のさまざまな分野で具体的な循環型経済の施策が進みました。例えば，2018年にプラスチックのリサイクル率の向上等の目標を定めた「EUプラスチック戦略」が採択され，その後，使い捨てプラスチックに関する指令が発効しています。

第3章　ESRS：トピック別の基準　175

図表61－1　直線型経済と循環型経済

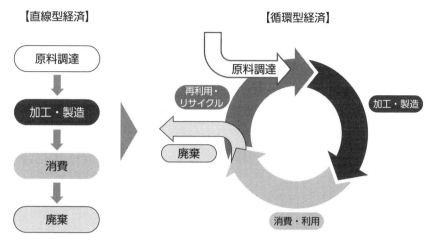

（出所：欧州委員会「Report on Critical Raw Materials and the Circular Economy」(2018年）に基づきKPMG作成）

　また，2020年には，2050年までにGHG排出量のネットゼロの目標を掲げた欧州グリーンディール（2019年）を受ける形で，欧州委員会から新たな「サーキュラーエコノミー行動計画」が公表されました。この中で，持続可能な製品・サービスの政策の導入が示され，すでにエネルギー関連製品に適用されていたエコデザイン指令の対象範囲の拡大や，新たに持続可能性原則の策定が示され，資源循環の実現に向けた取組みを加速していく意向が示されました。EUではその後も新しい政策や規制が公表され，産業や領域ごとの具体的な規則・規制の整備が進められています（出所：経済産業省「経済環境ビジョン2020」（2020年5月），EC「A new Circular Economy Action Plan」（2020年3月））。

　EU域内で事業活動を行う企業には，これらの一連のEUでの政策により環境に悪影響を与える製品・サービスに対する規制が強化される等，自社の事業活動に大きな影響が生じています。これらは規制対応を超え循環型経済を前提とした新しい企業行動への転換を促すもので，ひいてはEU経済の競争力向上につながることが期待されています。

Q62 「循環型経済」に係る開示要求の全体像

ESRS E5号「循環型経済」に係る開示要求の全体像は、どのようなものですか？

A. ESRS E5号は、E領域の他のトピック別の基準と同様、大きく「IROの管理」と「指標および目標」の2領域で開示要求が構成されています。

また、循環型経済について資源利用のサイクルの視点を取り入れ、資源のインフロー（原材料の調達、資源の再利用・リサイクル）、アウトフロー（加工・製造、消費・利用）および廃棄の段階に分けて開示要求が設定されている点が特徴的です。

解説

ESRS E5号「循環型経済」の目的は、以下の点について情報利用者が理解できるような情報を提供することであるとされています（ESRS E5.1）。

- 重要性があるプラスおよびマイナスのインパクト（実際に生じたもの、または潜在的に生じる可能性があるもの）の観点から、企業が資源の利用と循環型経済にどのような影響を及ぼしているか
- 資源の利用から生じるマイナスのインパクト（実際に生じたもの、または潜在的に生じる可能性があるもの）を防止または軽減するために企業が実行したアクションの内容およびその結果
- EUにおける循環型経済の原則（後述の**参考**を参照）と整合するように戦略やビジネスモデルを適合させる企業の計画やその実行能力
- 資源の利用と循環型経済に対する企業のインパクトと依存から生じる、重要性があるリスクおよび機会の性質、種類および程度、ならびに企業がそれをどのように管理しているか
- 資源の利用と循環型経済に対する企業のインパクトと依存から生じる、短期・中期・長期の重要性があるリスクと機会が企業に与える財務影響

第3章　ESRS：トピック別の基準　　**177**

> ### 参 考 ｜ 循環型経済の原則
>
> 「循環型経済の原則」として，多くの考え方が示されています。ただし，ESRSでは，「（EUにおける）循環型経済の原則」は，①利用できるか，②リユースできるか，③修理できるか，④分解できるか，⑤再製造または改造できるか，⑥リサイクリングできるか，⑦生物学的なサイクルにより循環されるか，⑧製品および材料が他の方法で有効利用されるか，によるとされています。

　ESRS E5号では，ESRS 2号における開示要求を前提として，大きく「IROの管理」と「指標および目標」の2領域で開示要求が構成されています。

　IROの管理に関しては循環型経済に関する重要性があるIROを管理するために採用した「方針」と，それに対処するために企業が採用した主要な「アクションとリソース」の内容をステークホルダーが理解できるように開示することが要求されています（ESRS E5.12, 17）。

　そのうえで，指標および目標では，方針やアクションを実行するために企業が設定した「指標」とそれに関する「目標」（実績値も含む。）についての開示が求められます。これらについては，資源の物理的なフローに沿って資源のインフロー，アウトフローおよび廃棄の段階ごとに開示要求が定められています（ESRS E5.2, 21, 28, 33）。

　ESRS E5号の開示要求の全体像は，**図表62-1**のように示すことができます。

【図表62-1】 ESRS E5号「循環型経済」の開示要求の全体像

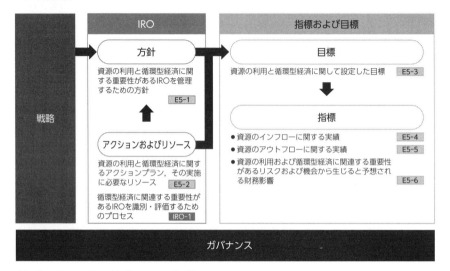

(出所：ESRS E5号に基づきKPMG作成)

IROの管理に関する開示

循環型経済に係るIROの管理について、どのような情報の開示が求められていますか？

A. 循環型経済に係るIROについて、以下に関する情報を開示することが求められています。
- 重要性がある循環型経済に関連するIROを識別・評価するためのプロセス
- 循環型経済に関する方針
- 循環型経済に関するアクションおよびリソース

解 説

ESRS E5号では、循環型経済に係るIROについて以下に関する情報を開示することが求められています。

1 重要性がある資源の利用と循環型経済に関連するIROを識別・評価するためのプロセス（ESRS 2 IRO-1）

資源の利用と循環型経済に関連する重要性があるIROを識別するための自社のプロセスおよび以下に関する情報を開示することが要求されています（ESRS E5.11）。

- 自社の事業ならびに上流および下流のバリューチェーンにおけるIROを識別するため、自社の資産や活動をどのようにスクリーニングしたか、またその際に利用した方法、仮定およびツール
- 影響を受けるコミュニティに対して協議を実施したか、またどのように協議したか

上記にあたり、LEAPアプローチで示されている4つの段階を考慮することができるとされています（ESRS E5.AR1）。LEAPアプローチについては、**Q50**をご参照ください。

2 資源の利用と循環型経済に関する方針（ESRS E5-1）

　資源の利用と循環型経済に関する重要性があるIROを管理するために企業が採用した方針について開示することが要求されています（ESRS E5.12）。

　この開示により，資源の利用と循環型経済に関して重要性があるIROを識別，評価，管理するほか，是正に向けて企業が採用した方針の内容について情報利用者が理解できるようにすることが企図されています（ESRS E5.13）。

　方針の開示にあたっては，以下の2点を考慮することが要求されています（ESRS E5.AR9）。

- 廃棄物処理のヒエラルキー（廃棄物発生の防止，リユースのための前処理，リサイクル，その他の回収（エネルギーの回収），処分）にどのように対処するものか
- 廃棄物の処理（リサイクル）よりも廃棄物の発生を防止したり最小化すること（リユース，修理，改修，再製造，転用）を重視しているか

第3章　ESRS：トピック別の基準　181

> **参考**　廃棄物処理のヒエラルキー

　廃棄物処理のヒエラルキーとは2008年に欧州委員会が公表した「廃棄物枠組み指令」の中で示された概念で，廃棄物削減および管理のための廃棄物の優先順位付けの考え方です。廃棄物の取扱方法として望ましい順に，「発生の防止」(prevention)，「リユースのための前処理」(preparing for re-use)，「リサイクル」(recycling)，「その他の回収」(other recovery)，「処分」(disposal)とされています。(Directive 2008/98/EC 4条(1))

図表63－1　廃棄物処理のヒエラルキー

（出所：欧州委員会ウェブサイト「Waste Framework Directive」に基づきKPMG作成）

3　資源の利用と循環型経済に関するアクションおよびリソース（ESRS E5-2）

　資源の利用と循環型経済に関するアクションとその実行のために割り当てられたリソースについて開示することが要求されています（ESRS E5.17）。

　この開示により，E5-1で示した方針およびその目標の実現に向け，企業が実行した，または実行予定の主要なアクションの内容を，情報利用者が理解できるようにすることが企図されています（ESRS E5.18）。

　上記の開示要求に関して開示すべき主なデータポイント（本文で記載したものを除く。）は，**図表63－2**のとおりです。

図表63-2 IROの管理について開示すべき情報

資源の利用と循環型経済に関する企業の方針（ESRS E5-1）	
■資源の利用と循環型経済に関する重要性があるIROを管理するために企業が採用した方針に関して，ESRS 2 MDR-P「重要性があるサステナビリティ課題を管理するために採用する方針」で示されている情報（**Q37**を参照）	E5.14
■重要性がある場合，資源の利用と循環型経済に関する企業の方針が，自社およびバリューチェーンにおける以下の事項にどのように対処しているか ● バージン資源の採取をしないようにすること（二次資源の相対的利用割合の増加を含む。） ● 持続可能な調達および再生可能資源の利用	E5.15，16
資源の利用と循環型経済に関連するアクションおよびリソース（ESRS E5-2）	
■資源の利用と循環型経済に関連して，ESRS 2 MDR-A「重要性があるサステナビリティ課題に関連するアクションおよびリソース」で示されている情報（**Q37**を参照）	E5.19

（出所：ESRS E5号に基づきKPMG作成）

Q64 指標および目標の開示

循環型経済に係る指標および目標について、どのような情報の開示が求められていますか？

A. 企業は、循環型経済に係る指標および目標について、以下に関する情報を開示することが求められています。

- 資源の利用と循環型経済に関する目標
- 資源のインフローに関する実績
- 資源のアウトフローに関する実績
- 重要性がある資源の利用と循環型経済に関連するリスクおよび機会から生じると予想される財務影響

解説

ESRS E5号では、循環型経済に関連する指標および目標について以下に関する情報を開示することが求められています。

1 資源の利用と循環型経済に関する目標（E5-3）

企業が設定した資源の利用と循環型経済に関する目標について開示することが要求されています（ESRS E5.21）。

この開示により、資源の利用と循環型経済に関する企業の方針を実行するほか、重要性があるIROに対処するために企業が設定した目標について情報利用者が理解できるようにすることが企図されています（ESRS E5.22）。

2 資源のインフローに関する実績（E5-4）

重要性があるIROに関連する資源のインフローに関する情報について開示が要求されています（ESRS E5.28）。

この開示により、自社の事業活動および上流のバリューチェーンにおける資源の利用状況について、情報利用者が理解できるようにすることが企図されています（ESRS E5.29）。

3 資源のアウトフローに関する実績（E5-5）

　重要性があるIROに関連する資源のアウトフロー（廃棄物を含む。）に関する情報を開示することが要求されています（ESRS E5.33）。

　この開示により，情報利用者が以下の点を理解できるようにすることが企図されています（ESRS E5.34）。

- 企業が循環型経済の原則に従い製品・原材料をデザインしたり，製品・原材料・廃棄物処理を一次利用後に再循環させる割合を増加もしくは最大化することを通じて，どのように循環型経済に貢献しているか
- 企業の廃棄物の削減および管理ならびに，消費・利用の前段階で発生する廃棄物が自社の事業においてどのように管理されているかについて企業がどの程度把握しているか

---

4 重要性がある資源の利用と循環型経済に関連するリスクおよび機会から生じると予想される財務影響（E5-6）

　資源の利用と循環型経済に関連するインパクトから生じる重要性があるリスクと機会から発生すると予想される財務影響について開示することが要求されています（ESRS E5.41）。

　この開示により，情報利用者が以下の点を理解できるようにすることが企図されています（ESRS E5.42）。

- 資源の利用と循環型経済に関するインパクトと依存に起因する重要性があるリスクから生じると予想される財務影響，およびこれらのリスクが短期・中期・長期にわたり企業の財政状態，財務業績およびキャッシュ・フローに対してどのように重要性がある影響を及ぼしうるか
- 資源の利用と循環型経済に関する重要性がある機会から生じると予想される財務影響

　上記の開示要求に関して開示すべき主なデータポイント（本文で記載したものを除く。）は，**図表64－1**のとおりです。

第3章　ESRS：トピック別の基準　　**185**

図表64－1　**指標および目標について開示すべき情報**

資源の利用と循環型経済に関する目標（ESRS E5-3）	
■資源の利用と循環型経済に関する目標に関連して，ESRS 2 MDR-T「目標に関する方針およびアクションの有効性の追跡」で示されている情報（**Q38**を参照）	E5.23
■企業の目標が資源のインフローおよび資源のアウトフロー（廃棄物，製品，原材料を含む。）とどのように関連しているか	E5.24
■目標が，関係する廃棄物処理のヒエラルキーのどの階層に関連するものか	E5.25
■企業が設定した目標が，法令で強制されたものか，自主的に設定したものか	E5.27
資源のインフローに関する実績（ESRS E5-4）	
■資源のインフローが重要性があるサステナビリティ課題に該当すると判断した場合，報告期間における自社の製品やサービスの製造に利用した原材料に関する以下の情報（※トンまたはキログラムで表示）	E5.31
●製品の総重量および報告期間において消費した技術的な材料および自然由来の材料の総重量	E5.AR25
●自社の製品・サービスの製造に利用された，持続可能な方法で調達された自然由来の材料の利用割合，および自然由来の材料に関して使用した認証スキームおよびカスケード原則の適用に関する情報	
●自社の製品・サービスの製造に利用された，二次利用またはリサイクルされた部材，二次的な中間製品，二次的な原材料の重量・割合	
（※）　再利用とリサイクルのカテゴリー間でダブルカウントがある場合，どのようにダブルカウントを排除したかについて説明する必要がある。	
■データの算定に利用された手法（例：データが直接測定して得られたものか，または見積りによって得られたものか，および主要な仮定）	E5.32
資源のアウトフローに関する実績（ESRS E5-5）	
（製品および原材料）	
■サーキュラー原則に準拠して設計された自社の主要な製品および原材料についての説明	E5.35
■資源のアウトフローに重要性がある場合，以下の情報	E5.36
●企業が市場投入する製品について，業界平均との比較を含めた予想される耐久性	
●確立した評価システムによる製品の修理可能性	
●製品および梱包材に含まれるリサイクル可能な成分の割合	
（廃棄物）	
■自社の事業における廃棄物に関する以下の情報（※トンまたはキログラムで表示）	E5.37
●生成された廃棄物の総量	
●処分の対象外とした廃棄物の総量（有害廃棄物かどうかによる内訳，および回収作業の種類別の内訳を含む。）	
●処分した廃棄物の総量（有害廃棄物かどうかによる内訳，および廃棄処理の種類別の内訳を含む。）	
●リサイクルされていない廃棄物の総量および割合	

■廃棄物の内訳を開示する場合，以下の情報 　●自社のセクターや事業活動に関連する廃棄物の発生領域 　●廃棄物に含まれる原材料の内容	E5.38
■企業が発生させた有害廃棄物および放射性廃棄物の総量	E5.39
■データの算定に利用された手法（特に循環型経済の原則に準拠して製品を分類した際に利用した規準や仮定）	E5.40
重要性がある資源の利用と循環型経済に関連するリスクおよび機会から生じると予想される財務影響（ESRS E5-6） 　　　　　　　　　　　　　　　　　　　　　　　経過措置 》》 Q40	
■財務影響に関する以下の情報 　●資源の利用と循環型経済に向けたアクションを考慮する前の予想される財務影響に関する定量情報 　（※）　レンジによる開示も認められているほか，算定にあたって不当なコストや負荷を要する場合，定性情報のみによることも認められている。 　　　　また，重要性がある機会から生じる財務影響については，情報の質的特性（ESRS 1, Appendix B）を満たさない場合，当該機会に関する定量情報の開示は不要とされている。 　●考慮した影響，影響が関連するインパクトと依存の内容，および発現すると考えられる時間軸 　●予想される財務影響を定量化する際に利用した重要な仮定の内容，および仮定の不確実性の源およびその程度	E5.43, AR36

ESRS適用開始時の経過措置

　図表内で「経過措置」とある個別の開示要求を対象とした経過措置（適用対象：すべての企業および連結グループの親会社）が設けられています。経過措置に関する詳細は，**Q40**をご参照ください。

（出所：ESRS E5号に基づきKPMG作成）

3-6 ESRS S1号「自社の労働者」

労働者,コミュニティ,消費者およびエンドユーザーの人権に関する世界(EUを含む。)の動向

労働者,コミュニティ,消費者およびエンドユーザーの人権に関する世界(EUを含む。)の動向について教えてください。

A. 2011年に公表された「ビジネスと人権に関する指導原則」に端を発し,世界(EUを含む。)で人権デュー・デリジェンスの実施が広がっています。

ESRSの社会(S)領域の基準の開示要求はこうした動きを踏まえたものです。

解 説

1 世界の動向

労働者の保護をめぐっては,2011年6月に「ビジネスと人権に関する指導原則」(Guiding Principles on Business and Human Rights)(以下「ビジネスと人権に関する指導原則」という。)が公表されており,これが企業活動における人権の保護に重要な役割を果たしています。同指導原則は,国連事務総長特別代表のジョン・ラギー氏が中心となってまとめたもので,3つの柱から構成されます(**図表65-1参照**)。

図表65-1 「ビジネスと人権に関する指導原則」の3本の柱

「ビジネスと人権に関する指導原則」の3本の柱

人権を保護する国家の義務
- 国家は，その領域や管轄内における人権侵害を防止し，もし侵害が起きた場合には，処罰の実施や補償の確保をする義務がある
- 国家は，企業に対して，さまざまな方法を通じて，企業活動において人権が尊重されるよう，期待を示すべきである

人権を尊重する企業の責任
- 企業は，すべての事業活動において人権を尊重する責任を果たすことを明確化するための方針を策定すべきである
- 企業は，人権への負のインパクトを特定し，防止・軽減を図り，対処するデュー・デリジェンスを継続的に実施すべきである
- 企業は，自らが直接的に引き起こす，または間接的に助長する人権への負のインパクトを是正すべきである

救済へのアクセス
- 国家は，人権侵害が生じた場合に，負のインパクトを受けた人々が実効的な救済を受けられるよう，救済制度へのアクセスを保証すべきである
- 企業は，苦情が早期に処理され，直接救済を可能とするように，負のインパクトを受けた個人およびコミュニティのために，実効的な事業レベルの苦情処理メカニズムを確立すべきである

(出所：「ビジネスと人権に関する指導原則」より，KPMGが作成)

特に2つ目の柱である「人権を尊重する企業の責任」では，企業に対して，すべての事業活動において人権を尊重する方針を明確化したうえでデュー・デリジェンスを実施し，必要に応じて是正を図るという一連の人権マネジメントを実施することが要請されています。これを踏まえ，各国で企業による人権保護の責任に関する法制化，投資家の投資判断への人権の要素の組込みといった動きがみられます。

2　EUの動向

「ビジネスと人権に関する指導原則」で要請されるデュー・デリジェンスの実施について，EUではこれまで各国ごとに法制化の対応が行われてきました。この点，2024年5月にコーポレート・サステナビリティ・デュー・デリジェンス指令（Corporate Sustainability Due Diligence Directive：以下「CSDDD」という。）が採択され，今後，一定の要件を満たす企業による環境・人権に関

第3章　ESRS：トピック別の基準　　**189**

するデュー・デリジェンスの実施が義務化されることになっています。

　CSDDDの詳細については，**Q85**をご参照ください。

| 参　考 | 企業活動における人権の保護に関する重要な文書 |

　ESRSでは，「ビジネスと人権に関する指導原則」に加え，「労働における基本的原則と権利に関するILO宣言」および「OECD多国籍企業ガイドライン」に準拠しているかどうかについてモニタリングを実施するプロセスや仕組みについて開示することが要求されています（ESRS S1.20）。また，これらに先立つものとして第2次世界大戦後の人権概念の礎ともいうべき「世界人権宣言」と「国際人権規約」があり，これらについて理解することが重要と考えられます。

　これらの主なポイントは，それぞれ以下のように示すことができます。

(1)　世界人権宣言

　世界人権宣言（Declaration of Human Rights）は，1948年に国連で採択された文書で，すべての人々が享有すべき基本的な人権を定義し，保護するために制定されました。世界人権宣言は，30の条項で構成されており，各条項は個々の権利や自由を認めています。その中には，生命，尊厳，教育，言論の自由，宗教の自由，差別禁止，公正な裁判などの権利が含まれています。

　世界人権宣言は法的な拘束力があるわけではありませんが，国際社会における人権の普遍的な原則として広く認識されています。

(2)　国際人権規約

　国際人権規約（International Bill of Human Rights）は，1966年に国連で採択された「経済的，社会的および文化的権利の規約」（社会権規約）と「市民的および政治的権利の規約（自由権規約）」およびその選択議定書の総称であり，これらは世界人権宣言の規定内容に法的拘束力を持たせ，条約化したものです。

　これらの規約は，締約国がこれらの基本的な権利を尊重し保護しなければならないことを法的に義務付けています。

(3)　労働における基本的原則と権利に関するILO宣言

　「労働における基本的原則と権利に関するILO宣言」（ILO Declaration on Fundamental Principles and Rights at Work）は，1998年に国際労働機関（International Labour Organization：以下「ILO」という。）によって採択されました。この宣言は，グローバルな労働基準を確立するために作られた文書であり，すべてのILO加盟国に対し，結社の自由，強制労働撤廃，児童労働廃止などを含む5分野とそれらに紐付く10個の条約から構成されています。

これらを尊重することはILOの加盟国の義務であり，ILO条約の批准状況にかかわらず，すべての加盟国に適用されます。

⑷　OECD多国籍企業ガイドライン

経済協力開発機構（以下「OECD」という。）の多国籍企業ガイドライン（Guidelines for Multinational Enterprises on Responsible Business Conduct）は，加盟国内の企業が海外でビジネスを行う際に参照すべき，社会的および環境的な責任についての推奨事項を包含しています。

このガイドラインは，OECDによって1976年に初めて採択された後に数回改訂されており，最新版は2023年に公開されています。行動指針は，人権，雇用・労使環境，環境などを含む9つの項目について具体的な指針を提供しています。

OECD加盟国は，公正で開かれた市場体制の利益を享受するためにも，これらの指針を遵守することが期待されます。行動指針に法的な強制力はありませんが，実効性を確保するために，OECDに加盟する各国政府には，個々の多国籍企業の具体的な問題を処理するための国内連絡所（ナショナル・コンタクト・ポイント（NCP））の設置が求められています。日本のNCPは外務省・厚生労働省・経済産業省の三者で構成されています。

第3章　ESRS：トピック別の基準　191

Q66　S領域の基準の全体像

ESRSの社会（S）領域の基準の全体像はどのように整理できるでしょうか？

A. ESRSでは，社会（S）領域について，自社の労働者のみならず，バリューチェーン全体をカバーするように，トピック別の基準が設けられています。

具体的には，S1号では自社の労働者，S2号ではバリューチェーンにおける労働者，S3号では影響を受けるコミュニティ，S4号では消費者およびエンドユーザーについて開示すべき情報が定められています。

解説

ESRSの社会（S）領域の基準では，対象とする者の観点から区分しつつバリューチェーン全体をカバーするようにトピック別の基準が設けられています。その概要は，**図表66－1**および**図表66－2**のとおりです。

図表66－1　ESRSのS領域の基準の対象

基　準	対象とする者
S1号「自社の労働者」	自社の活動に関連する従業員と非従業員 ● 従業員：企業と法令に基づく雇用関係にある者 ● 非従業員：企業に労働を提供する個人事業者，および雇用活動を主たる事業活動とする企業から派遣された者
S2号「バリューチェーンにおける労働者」	企業との契約関係の有無や性質にかかわらず，企業のバリューチェーン上で業務を行う個人
S3号「影響を受けるコミュニティ」	自社の活動またはバリューチェーンから影響を受けている（または受ける可能性のある）地域で生活または労働している者やグループ（※地域のコミュニティ，遠隔地の者，先住民族も含まれる。）
S4号「消費者およびエンドユーザー」	● 消費者：個人的な使用のために，製品やサービスを取得，消費・使用する個人（再販や商業・貿易目的，ビジネス，作成または職業上の目的を有する者は含まれない。） ● エンドユーザー：企業の製品やサービスを最終的に使用するまたはそれに関心を有する個人

（出所：ESRS用語集より，KPMGが作成）

図表66-2 ESRSのS領域の基準の対象イメージ

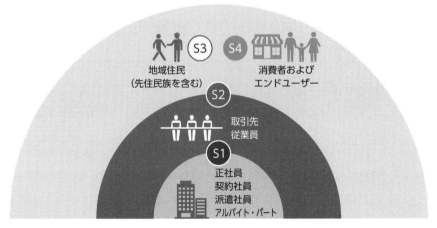

(出所：ESRSを参照して，KPMGが作成)

Q67 「自社の労働者」に関する開示要求の全体像

ESRS S1号「自社の労働者」に関する開示要求の全体像は、どのようなものですか？

A. ESRS S1号は、他のS領域のトピック別の基準と同様、大きく「戦略」、「IROの管理」と「指標および目標」の3領域で開示要求が構成されています。

ただし、自社の労働者に関する課題が広範であることを踏まえ、「指標」について12の開示要求が列挙されており、トピック別の基準のなかで最も多くの開示要求となっている点が特徴的です。

解説

ESRS S1号「自社の労働者」の目的は、以下の点について情報利用者が理解できるような情報を提供することであるとされています（ESRS S1.1）。

- 重要性があるプラスおよびマイナスのインパクト（実際に生じたもの、または潜在的に生じる可能性があるもの）の観点から、企業が自社の労働者にどのような影響を与えているか
- 自社の労働者に関するマイナスのインパクト（実際に生じたもの、または潜在的に生じる可能性があるもの）を防止、軽減、是正し、リスクおよび機会に対処するために企業が実行したアクションの内容およびその結果
- 自社の労働者に対するインパクトと依存から生じる、重要性があるリスクと機会の性質、種類および程度、ならびに企業がそれらをどのように管理しているか
- 自社の労働者に対するインパクトと依存から生じる、短期・中期・長期の重要性があるリスクと機会が企業に与える財務影響

ESRS S1号では、ESRS 2号における開示要求を前提として、大きく「戦略」、「IROの管理」と「指標および目標」の3領域で開示要求が構成されており、S領域の他のトピック別の基準と大きな相違はありません。ただし、自社の労働者に関する課題が広範であることを踏まえ、「指標」について12の開示要求

が列挙されており、S1号にはトピック別の基準のなかで最も多くの開示要求が含まれています。

　ESRS S1号の開示要求の全体像は、**図表67－1**のように示すことができます。

図表67－1　ESRS S1号「自社の労働者」の開示要求の全体像

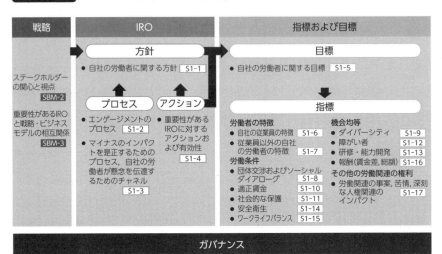

(出所：ESRS S1号に基づきKPMG作成)

第3章　ESRS：トピック別の基準　　195

Q68 戦略およびIROの管理に関する開示

自社の労働者に係る戦略およびIROの管理について，どのような情報の開示が求められていますか？

A. 企業は，自社の労働者に係る戦略およびIROの管理について，以下に関する情報を開示することが求められています。

【戦略】
- ステークホルダーの関心と見解
- 重要性があるIROと戦略・ビジネスモデルの相互関係

【IROの管理】
- 自社の労働者に関する方針
- 自社の労働者およびその代表者とのエンゲージメントのプロセス
- マイナスのインパクトを是正するためのプロセス，自社の労働者が懸念を伝達するためのチャネル
- 重要性があるIROに対するアクションおよび有効性

解 説

ESRS S1号では，企業は，自社の労働者に関連する戦略およびIROの管理について，以下に関する情報を開示することが要求されています。

1 戦 略

(1) ステークホルダーの関心と見解（SBM-2）

自社の労働者の関心，見解，権利が，どのように経営戦略やビジネスモデルに影響を与えているかに関する情報の開示が要求されています。なお，自社の労働者は，企業活動により影響を受けるステークホルダーグループに含まれます（ESRS S1.12）。

(2) 重要性があるIROと戦略・ビジネスモデルとの関係（SBM-3）

自社の従業員に関して，以下の事項について開示することが要求されていま

す（ESRS S1.13）。

> ● マテリアリティ評価において識別された自社の労働者に対して実際に生じた，または潜在的なインパクトのうち重要性があると評価されたIROが，①事業戦略やビジネスモデルとどのような関係にあるか，また②企業の戦略およびビジネスモデルの適応にあたってそれがどのように伝達されるか
> ● 自社の労働者に対するインパクトや機会から生じる重要性があるリスクおよび機会と自社の戦略およびビジネスモデルとの関係

2 IROの管理

(1) 自社の労働者に関する方針（S1-1）

　自社の労働者に関する重要性があるIROを管理するために企業が採用した方針について開示することが要求されています（ESRS S1.17）。

　この開示により，自社の労働者に関して重要性があるIROを識別，評価，管理，是正するため企業が採用した方針の内容を，情報利用者が理解することができるようにすることが企図されています（ESRS S1.18）。

(2) 自社の労働者およびその代表者とのエンゲージメントのプロセス（S1-2）

　自社の労働者に対する実際に生じた，または潜在的なインパクトについての，自社の労働者や労働者代表とのエンゲージメントプロセスについて開示することが要求されています（ESRS S1.25）。

　この開示により，企業がデュー・デリジェンスプロセスにおいて，自社の労働者やその代表者とのエンゲージメントをどのように実施し，自社の労働者の見解を企業の意思決定プロセスにおいてどのように考慮しているかについて，情報利用者が理解できるようにすることが企図されています（ESRS S1.26）。

(3) マイナスのインパクトを是正するためのプロセス，自社の労働者が懸念を伝達するためのチャネル（S1-3）

　自社の労働者に生じたマイナスのインパクトの是正に関するプロセスの開示

第3章　ESRS：トピック別の基準　　197

が要求されています。また，自社の労働者が懸念を提起し，それらに対処するためのチャネルについても開示が要求されています（ESRS S1.30）。

　この開示により，自社の労働者が懸念と要望を企業に直接伝達する正式な手段およびどのようにフォローアップが実施されたかについて，情報利用者が理解できるようにすることが企図されています。（ESRS S1.31）。

(4)　重要性があるIROに対するアクションおよび有効性（S1-4）

　自社の労働者に対する重要性があるプラスとマイナスのインパクトへの対処，リスクの管理，機会の追求のために取ったアクションおよびその有効性について開示することが要求されています（ESRS S1.35）。

　この開示により，①企業が自社の労働者に対する重要性があるマイナスのインパクトを防止・軽減・是正し，重要性があるプラスのインパクトをどのように達成しようとしているか，②企業が重要性のあるリスクに対処し機会を追求するためにどのような措置を講じているかについて，情報利用者が理解できるようにすることが企図されています。（ESRS S1.36）。

　上記の開示要求に関して開示すべき主なデータポイント（本文で記載したもの除く。）は，**図表68－1**のとおりです。

図表68－1　戦略およびIROの管理について開示すべき情報

重要性があるIROと戦略・ビジネスモデルの相互関係（ESRS S1 SBM-3）	
■ESRS 2号に基づく開示範囲に自社の労働者のうち重要性があるインパクトを受ける可能性のある人々がすべて含まれているか	S1.14
■以下の情報 　●自社の事業のあり方によって重要性があるインパクトを受ける，自社の労働者のうち，従業員と非従業員の種類に関する説明 　●重要性があるマイナスのインパクトに関して，それらが広範囲に及ぶようなものか（例：児童労働や強制労働），または個別的な事案に関連しているか（例：産業事故や原油流出） 　●重要性があるプラスのインパクトに関して，プラスのインパクトをもたらす活動の説明，インパクトを受ける可能性がある自社の労働者の従業員および非従業員の種類 　●自社の労働者に対するインパクトおよび依存から生じる企業にとって重要性があるリスクと機会 　●移行計画から生じる可能性のある自社の労働者に対する重要性があるインパクト 　●強制労働の事案が生じるリスクが特に高い事業 　●児童労働の事案が生じるリスクが特に高い事業	S1.14

自社の労働者に関する方針（ESRS S1-1）	
■自社の労働者に関する重要性があるIROを管理するために企業が採用した方針に関連して，ESRS 2 MDR-P「重要性があるサステナビリティ課題を管理するために採用する方針」で示されている開示要求に基づく情報（**Q37**を参照）	S1.19
■自社の労働者に関する人権の方針についてのコミットメント	S1.20
■自社の労働者に対する方針と国際的に認められた文書との整合性	S1.21
■差別の排除に関する方針の有無等	S1.24
自社の労働者およびその代表者とのエンゲージメントのプロセス（ESRS S1-2）	
■自社の労働者に対する実際および潜在的なインパクトを管理するための意思決定や活動の実施にあたって，自社の労働者の見解が伝達されるか	S1.27
■上記に関して，以下の情報 ●エンゲージメントが労働者またはその代表者と直接実施されているか ●エンゲージメントが実施される段階，その種類と頻度 ●エンゲージメントが実施され，その結果が企業のアプローチに反映されることを保証するための運用責任を有する企業内の組織とその最高位の役割 ●自社の労働者の人権尊重に関して，企業が労働者代表と締結している合意事項 ●自社の労働者とのエンゲージメントの有効性を評価する方法	S1.27
マイナスのインパクトを是正するためのプロセス，自社の労働者が懸念を伝達するためのチャネル（ESRS S1-3）	
■自社の労働者に対するマイナスのインパクトを是正するためのプロセスに関して，以下の情報 ●自社の労働者に対する重要性があるマイナスのインパクトの是正に関する一般的なアプローチおよびプロセス ●自社の労働者が企業に対して直接懸念や要望を伝達し，是正を要望するための特定のチャネル ●従業員関連の苦情処理メカニズムを企業が有しているか ●企業が自社の職場において上記チャネルの利用を支援するためのプロセス ●提起・解決された問題をどのように追跡・監視しているか，およびチャネルの有効性を確保するための方法	S1.32
重要性があるIROに対するアクションおよび有効性（ESRS S1-4）	
■自社の労働者に関連する重要性があるIROを管理するためのアクションプランおよびリソースに関して，ESRS 2 MDR-A「重要性があるサステナビリティ課題に関連するアクションおよびリソース」で示されている開示要求に基づく情報（**Q37**を参照）	S1.37
■自社の労働慣行が自社の労働者に対して重要性があるマイナスのインパクトを生じさせたり，インパクトの発生に寄与しないようになっているか	S1.41
■重要性があるインパクトを管理するために，どのような資源を配分しているか	S1.43

（出所：ESRS S1号に基づきKPMG作成）

Q69 指標および目標に関する開示

自社の労働者に関する指標および目標について,どのような情報の開示が求められていますか?

A. 企業は,自社の労働者に係る指標および目標について,以下に関する情報を開示することが求められています。

- 自社の労働者に関する目標
- 自社の従業員の特徴
- 従業員以外の自社の労働者の特徴
- 団体交渉およびソーシャルダイアローグ
- ダイバーシティ
- 適正賃金
- 社会的な保護
- 障がい者
- 研修・能力開発
- 安全衛生
- ワークライフバランス
- 報酬(賃金差,総額)
- 労働関連の事案,苦情,深刻な人権関連のインパクト

解 説

ESRS S1号では,企業は,自社の労働者に関連する指標および目標について以下に関する情報を開示することが求められています。

1 目標:自社の労働者に関する目標

自社の労働者に関して,以下について時間軸を示した成果に基づく目標を設定している場合,設定した目標に関する情報を開示することが要求されています(ESRS S1-5)。

- 自社の労働者に対するマイナスのインパクトを減少させる。
- 自社の労働者に対するプラスのインパクトを促進する。
- 自社の労働者に関する重要性があるリスクと機会を管理する。

2 指標：自社の労働者に関する指標

　自社の労働者に関して，以下の指標に関する情報を開示することが要求されています。

- 自社の従業員の総人数，性別・国別内訳（ESRS S1-6）
- 従業員以外の自社の労働者の総人数等（ESRS S1-7）
- 団体交渉およびソーシャルダイアローグに関して，労働協約の対象範囲（ESRS S1-8）
- ダイバーシティに関して，トップマネジメント層および全従業員を対象とした性別や年齢の分布（ESRS S1-9）
- 適正賃金が支払われているか（ESRS S1-10）
- ライフイベントによる所得の喪失に対する社会的な保護を受けられるようになっているか（ESRS S1-11）
- 自社の従業員における障がい者の割合（ESRS S1-12）
- 従業員に対して提供される研修・能力開発（ESRS S1-13）
- 自社の労働者が安全衛生システムによってカバーされている割合，負傷・疾病・死亡者数（ESRS S1-14）
- ワークライフバランスに関して，家族関連休暇の付与やその利用割合（ESRS S1-15）
- 男女間の賃金差の割合，最高額の報酬支給者に対する報酬と全従業員に対する報酬の中央値との差異の割合（ESRS S1-16）
- 労働関連の事案，苦情，深刻な人権関連のインパクト（事案件数，罰金額）（ESRS S1-17）

　上記の開示要求に関して開示すべき主なデータポイント（本文で記載したものを除く。）は，**図表69-1**のとおりです。

第3章　ESRS：トピック別の基準　　201

図表69-1 指標および目標について開示すべき情報

自社の労働者に関する目標（ESRS S1-5）	
■自社の労働者に関する目標に関連して，ESRS 2 MDR-T「目標に関する方針およびアクションの有効性の追跡」で示されている開示要求に基づく情報（**Q38**を参照）	S1.46
■目標の設定プロセス―これには，以下にあたって企業が自社の労働者または労働者の代表者と直接エンゲージメントを実施したかどうかを含む 　●目標の設定 　●設定した目標に照らした企業のパフォーマンスの追跡 　●企業のパフォーマンスを踏まえた改善施策の識別	S1.47

自社の従業員の特徴（ESRS S1-6）	
■自社の従業員の特徴に関する以下の情報 　●従業員の総人数と性別・国別の内訳 　●正社員数，臨時雇いの従業員数，労働時間の保証のない従業員数（性別による内訳を含む。） 　●報告期間中に退職した従業員総数とその離職率 　●データを作成するために使用した方法および仮定の説明 　●データを理解するための背景情報の提供（例：報告期間中の従業員数の変動） 　●従業員の総人数と性別・国別の内訳情報と財務諸表中の最も代表的な数値との相互参照	S1.50

従業員以外の自社の労働者の特徴（ESRS S1-7）　　　　　　経過措置 ≫ Q40	
■自社の従業員の特徴に関する以下の情報 　●従業員以外の自社の労働者の総人数 　●データを作成するために使用した方法および仮定の説明 　●データを理解するための背景情報の提供（例：報告期間中の従業員以外の自社の労働者数の大幅な変動）	S1.55

団体交渉およびソーシャルダイアローグ（ESRS S1-8）　　経過措置 ≫ Q40	
■団体交渉に関する以下の情報 　●団体交渉に関して労働協約の対象となる全従業員の割合 　●欧州経済領域（EEA）の中で，集合的な労働協約が存在するか，および存在する場合，同協約によってカバーされている従業員の割合 　●EEAの外において，労働協約でカバーされている従業員の割合	S1.60
■ソーシャルダイアローグに関する以下の開示 　●労働者代表がカバーしている従業員の割合 　●労働者代表に関する従業員との合意事項の存在	S1.63

ダイバーシティ（ESRS S1-9）	
■ダイバーシティに関する以下の情報 　●トップマネジメント層の性別による内訳（人数と割合） 　●従業員の年齢のグルーピングによる分布（30歳未満，30-50歳，50歳超の内訳）	S1.66

適正賃金（ESRS S1-10）	
■ベンチマークに照らして，従業員に十分な賃金が支払われているかどうか	S1.69
■十分な賃金が支払われていないと判断される国，および十分な賃金が支払われていない	S1.67,

と判断される労働者の割合	70

社会的な保護 (ESRS S1-11)	経過措置 ≫ Q40
■ライフイベント（疾病，自社労働者が企業のために働いている時点から開始する失業，雇用上の負傷および被った障がい，育児休暇，退職）による所得の喪失に対して，すべての従業員が公的プログラムまたは企業が提供する給付を通じた社会的な保護を受けられるようになっているか	S1.74
■社会的な保護の対象となっていない従業員がいる場合，該当する国および従業員の種類	S1.75

障がい者 (ESRS S1-12)	経過措置 ≫ Q40
■データ収集にあたって法的な制約がある自社の従業員における障がい者の割合	S1.79

研修・能力開発 (ESRS S1-13)	経過措置 ≫ Q40
■以下について，性別ごとの情報 ・定期的な業績評価とキャリア開発評価に参加した従業員の割合 ・従業員1人当たりの平均研修時間（性別ごと）	S1.83

安全衛生 (ESRS S1-14)	経過措置 ≫ Q40
■安全衛生について，自社の従業員と非従業員に区分した以下の情報 ・法令，基準またはガイドラインに基づき企業の安全衛生管理システムの対象となる従業員の割合 ・業務上の負傷および疾病による死亡者数 ・記録可能な労働災害の件数と発生率 ・自社の従業員に関して，データの収集の法的制約に従う記録可能な業務上の疾病の件数 ・自社の従業員に関して，業務上の事故による負傷および死亡，業務上の疾病および疾病による死亡により逸失した業務日数	S1.87

ワークライフバランス (ESRS S1-15)	経過措置 ≫ Q40
■従業員が取得する家族関連休暇に関する以下の情報 ・家族関連休暇を取得する権利を持つ従業員の割合 ・上記の従業員のうち取得した者の割合（性別ごと）	S1.93

報酬 (賃金差，総額) (ESRS S1-16)	
■従業員における男女賃金格差の割合，および最高報酬を得ている個人と全従業員の報酬の中央値の割合に関する以下の情報 ・男女間の賃金差異 ・全従業員（最高額の報酬の受領者を除く。）の年間総報酬額の中央値に対する最高報酬者の年間総報酬額の比率 ・基礎データの性質，算定方法および基礎データの変化に関する背景情報	S1.97, AR101

労働関連の事案，苦情，深刻な人権関連のインパクト (ESRS S1-17)	
■以下の情報 ・報告期間中に報告されたハラスメントを含む差別の事案の総数 ・上記ですでに報告されているものを除き，自社の従業員が懸念を表明するためのチャネルを通して提出された苦情の数 ・事案および苦情の結果として支払った罰金および補償金，ならびにそれらの金額が財務諸表に示される最も関連する金額との調整 ・データおよびそのデータがどのように算定されたかを理解するために必要な背景情報	S1.103

第3章 ESRS：トピック別の基準 **203**

■深刻な人権関連の事案（強制労働，人身取引，児童労働など）に関する以下の情報 • 報告期間中に発生した自社の労働者に関する深刻な人権事案件数 • 上記に開示された事案の結果，支払った罰金および補償金額，ならびにそれらの金額と財務諸表に示される最も関連する金額との調整	S1.104

ESRS適用開始時の経過措置

　図表内で「経過措置」とある個別の開示要求を対象とした経過措置（適用対象：すべての企業および連結グループの親会社）のほか，ESRS S1号についてはすべての開示要求を対象とした経過措置（適用対象：直近事業年度の平均従業員数が750名以下の企業または連結グループの親会社）が設けられています。経過措置に関する詳細は，**Q40**をご参照ください。

（出所：ESRS S1号に基づきKPMG作成）

3-7 | ESRS S2号「バリューチェーンにおける労働者」

Q70 「バリューチェーンにおける労働者」に関する開示要求の全体像

ESRS S2号「バリューチェーンにおける労働者」に関する開示要求の全体像は、どのようなものですか？

A. ESRS S2号は、他のS領域のトピック別の基準と同様、大きく「戦略」、「IROの管理」と「指標および目標」の3領域で開示要求が構成されています。

解 説

ESRS S2号「バリューチェーンにおける労働者」の目的は、以下の点について情報利用者が理解できるような情報を提供することであるとされています（ESRS S2.1）。

- 重要性があるプラスまたはマイナスのインパクト（実際に生じたもの、または潜在的に生じる可能性があるもの）の観点から、企業がバリューチェーンにおける労働者にどのような影響を及ぼしているか
- バリューチェーンにおける労働者に関するマイナスのインパクト（実際に生じたもの、または潜在的に生じる可能性があるもの）を防止、軽減、是正し、リスクおよび機会に対処するために企業が実行したアクションの内容およびその結果
- バリューチェーンにおける労働者に対するインパクトと依存から生じる、重要性があるリスクと機会の性質、種類および程度、ならびに企業がそれらをどのように管理しているか
- バリューチェーンにおける労働者に対するインパクトと依存から生じる、短期・中期・長期の重要性があるリスクと機会が企業に与える財務影響

第3章 ESRS：トピック別の基準　205

　ESRS S2号は，ESRS 2号における開示要求を前提として，他のS領域のトピック別の基準と同様，大きく「戦略」，「IROの管理」と「指標および目標」の3領域で開示要求が構成されています。

　ESRS S2号の開示要求の全体像は，**図表70－1**のように示すことができます。

図表70－1　ESRS S2号「バリューチェーンにおける労働者」の開示要求の全体像

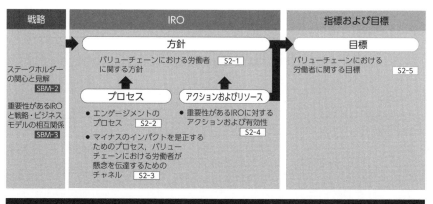

（出所：ESRS S2号に基づきKPMG作成）

206

Q71 戦略およびIROの管理に関する開示

バリューチェーンにおける労働者に係る戦略およびIROの管理について，どのような情報の開示が求められていますか？

A.　バリューチェーンにおける労働者に係る戦略およびIROの管理について，開示情報の対象を「自社の労働者」から「バリューチェーンの労働者」に置き換えるほかは，ESRS S1号の開示要求で定められている事項（**Q68**参照）と概ね同様の事項について開示することが求められています。

解 説

ESRS S2号では，バリューチェーンにおける労働者に係る戦略，IROの管理に関する情報の開示が求められています。同基準におけるこれらの開示要求は，対象が「自社の労働者」か「バリューチェーンにおける労働者」かの相違を除いて，概ねS1号と同様です。

ただし，個別の開示要求において開示すべき情報（データポイント）は，S1号の開示要求と異なる点があります。S2号の開示要求に関して開示すべき主なデータポイント（MDRに関する解説（**Q37**）で記載したものを除く。）は，**図表71－1**のとおりです。

図表71－1　戦略およびIROの管理について開示すべき情報

重要性があるIROと戦略・ビジネスモデルの相互関係（ESRS S2 SBM-3）	
■ESRS 2号に基づく開示範囲にバリューチェーンにおける労働者のうち重要性があるインパクトを受ける可能性がある人々がすべて含まれているか	S2.11
■以下の情報 • 企業によって重要性があるインパクトを受ける可能性があるバリューチェーンにおける労働者の種類，および負のインパクトを受けるリスクが高いのはどのような特性や働き方をしている者かについて企業が理解するための方法 • 児童労働や強制労働について重大なリスクがある地域 • 重要性があるマイナスのインパクトに関して，それが広範またはシステミックなものか，またはそれらが個別の事案や個別の事業関係に関するものか • 重要性があるプラスのインパクトに関して，プラスのインパクトをもたらす活動の説	S2.11, 12

第3章　ESRS：トピック別の基準　　**207**

明，インパクトを受ける可能性があるバリューチェーンにおける労働者の種類 ● バリューチェーンにおける労働者に対するインパクトおよび依存から生じる企業にとって重要性があるリスクと機会	
■バリューチェーンにおける労働者に対するインパクトと依存から生じる重要性があるリスクと機会のうち，どれが特定のバリューチェーン労働者（例：特定の年齢層や，特定の工場や国で働く者）のグループだけに関係するものか	S2.13

バリューチェーンにおける労働者に関する方針（ESRS S2-1）

■バリューチェーンにおける労働者に関する重要性があるIROを管理するために企業が採用した方針に関連して，ESRS 2 MDR-P「重要性があるサステナビリティ課題を管理するために採用する方針」で示されている開示要求に基づく情報（**Q37を参照**）	S2.16
■バリューチェーンにおける労働者に関する人権の方針についてのコミットメント	S2.17
■バリューチェーンにおける労働者に関する方針が人身売買，強制労働，児童労働について明確に記載しているか	S2.18
■バリューチェーンにおける労働者に対する方針と国際的に認められた基準との整合性	S2.19

バリューチェーンにおける労働者とのエンゲージメントのプロセス（ESRS S2-2）

■バリューチェーンにおける労働者に対する実際および潜在的なインパクトを管理するための意思決定や活動の実施にあたって，バリューチェーンにおける労働者の見解が伝達されるか	S2.22
■上記に関して，以下の情報 ● エンゲージメントがバリューチェーンにおける労働者，その正当性のある代表者または信頼できる代理者と直接実施されているか ● エンゲージメントが実施される段階，その種類と頻度 ● エンゲージメントが実施され，その結果が企業のアプローチに反映されることを保証するための運用責任を有する企業内の組織とその最高位の役割 ● バリューチェーンにおける労働者の人権尊重に関して，企業がグローバルな団体と締結している合意事項 ● バリューチェーンにおける労働者とのエンゲージメントの有効性を評価する方法	S2.22
■特にインパクトを受ける可能性が高い労働者（例：女性，移民，障がい者）の見解を理解するために企業が実施する措置	S2.23

マイナスのインパクトを是正するためのプロセス，バリューチェーンにおける労働者が懸念を伝達するためのチャネル（ESRS S2-3）

■以下の情報 ● バリューチェーンにおける労働者に対する重要性があるマイナスのインパクトの是正に関する一般的なアプローチおよびプロセス ● バリューチェーンにおける労働者が企業に対して直接懸念や要望を伝達し，是正を要望するための特定のチャネル ● バリューチェーンにおける労働者の職場において上記のチャネルが利用できるようにすることをサポートしたり要求したりするプロセス ● 提起・解決された問題をどのように追跡・監視しているか，およびチャネルの有効性を確保するための方法	S2.27
■バリューチェーンにおける労働者が懸念や要望を伝達し，是正を要望する仕組みやプロセスを理解し信頼しているかをどのように評価しているか，これらを利用した個人への	S2.28

報復防止に関する方針があるか	

重要性があるIROに対するアクションおよび有効性（ESRS S2-4）

■バリューチェーンにおける労働者に関連する重要性があるIROを管理するためのアクションプランおよびリソースに関して，ESRS 2 MDR-A「重要性があるサステナビリティ課題に関連するアクションおよびリソース」で示されている開示要求に基づく情報（**Q37**を参照）	S2.31
■以下の情報 　●バリューチェーンにおける労働者に対する重要性があるマイナスのインパクトを防止または軽減するために，計画または実行しているアクション 　●発生した重要性があるインパクトを是正する，または是正を可能にするためのアクションをどのように実行したか 　●バリューチェーンにおける労働者にプラスのインパクトを与えることを目的とした，追加的なアクションやイニシアチブ 　●上記アクションやイニシアチブが意図した結果を生んでいるかを追跡し，有効性を評価するための方法	S2.32
■以下の情報 　●バリューチェーンにおける労働者に対する重要性があるマイナスのインパクトに対処するために必要なアクションを識別するプロセス 　●バリューチェーンにおける労働者に対する特定の重要性があるマイナスのインパクトに係るアクションを実施するためのアプローチ 　●重要性があるマイナスのインパクトが生じた際に，それを是正するためのプロセスが利用可能であり，効果的であることをどのように確保するか	S2.33
■以下の情報 　●バリューチェーンにおける労働者に対するインパクトと依存から生じる重要性があるリスクを軽減するために計画または実行しているアクション，およびその有効性を追跡する方法 　●バリューチェーンにおける労働者に関する重要性がある機会を追求するために，計画または実行しているアクション	S2.34
■自社の労働慣行がバリューチェーンにおける労働者に対して重要性があるマイナスのインパクトを生じさせたり，インパクトの発生に寄与しないようになっているか	S2.35
■バリューチェーンにおける深刻な人権問題および事案が報告されているか，報告されている場合にはその内容	S2.36
■重要性があるインパクトを管理するために，どのような資源を配分しているか	S2.38

（出所：ESRS S2号に基づきKPMG作成）

第3章　ESRS：トピック別の基準　209

 指標および目標に関する開示

バリューチェーンにおける労働者に関する指標および目標について，どのような情報の開示が求められていますか？

A.　バリューチェーンにおける労働者に係る目標について，企業は自らが設定した時間軸を示した成果に基づく目標を開示することが求められています。他方，指標については，個別の開示要求は定められていません。

解説

ESRS S2号では，バリューチェーンにおける労働者に係る指標および目標について以下に関する情報の開示が求められています。

1　バリューチェーンにおける労働者に関する目標

バリューチェーンにおける労働者に関して，以下について時間軸を示した成果に基づく目標を設定している場合，設定した目標に関する情報を開示することが要求されています（ESRS S2-5）。

- バリューチェーンにおける労働者に対するマイナスのインパクトを減少させる。
- バリューチェーンにおける労働者に対するプラスのインパクトを促進する。
- バリューチェーンにおける労働者に関する重要性があるリスクと機会を管理する。

2　バリューチェーンにおける労働者に関する指標

ESRS S2号ではバリューチェーンにおける労働者について具体的な指標に関する開示要求は定められていません。ただし，必要に応じて企業固有の開示（entity-specific disclosure）（詳細は**Q15**を参照）を開示することが必要です（ESRS 2.70）。

上記の開示要求に関して開示すべき主なデータポイント（MDRに関する解

説（Q38）で記載したものを除く。）は，**図表72－1**のとおりです。

図表72－1 目標について開示すべき情報

バリューチェーンにおける労働者に関する目標（ESRS S2-5）	
■バリューチェーンにおける労働者に関する目標に関連して，ESRS 2 MDR-T「目標に関する方針およびアクションの有効性の追跡」で示されている開示要求に基づく情報（**Q38**を参照）	S2.41
■目標の設定プロセス―これには，以下にあたって企業がバリューチェーンにおける労働者，その正当性のある代表者または信頼できる代理者と直接エンゲージメントを実施したかどうかを含む ●目標の設定 ●設定した目標に照らした企業のパフォーマンスの追跡 ●企業のパフォーマンスを踏まえた改善施策の識別	S2.42

ESRS適用開始時の経過措置

　ESRS S2号についてはすべての開示要求を対象とした経過措置（適用対象：直近事業年度の平均従業員数が750名以下の企業または連結グループの親会社）が設けられています。経過措置に関する詳細は，**Q40**をご参照ください。

（出所：ESRS S2号に基づきKPMG作成）

第3章　ESRS：トピック別の基準　　211

3－8 ｜ ESRS S3号「影響を受けるコミュニティ」

Q73 「影響を受けるコミュニティ」に係る開示要求の全体像

ESRS S3号「影響を受けるコミュニティ」に係る開示要求の全体像は，どのようなものですか？

A. ESRS S3号は，他のS領域のトピック別の基準と同様，大きく「戦略」，「IROの管理」と「指標および目標」の3領域で開示要求が構成されています。

なお，「指標および目標」に関する開示要求は，概ねESRS S2号におけるものと同様です。

解 説

ESRS S3号「影響を受けるコミュニティ」の目的は，以下の点について情報利用者が理解できるような情報を提供することであるとされています（ESRS S3.1）。

- インパクトが存在し，かつ深刻である可能性が高い領域において，重要性があるプラスおよびマイナスのインパクト（実際に生じたもの，または潜在的に生じる可能性があるもの）の観点から，企業がコミュニティにどのような影響を与えているか
- 影響を受けるコミュニティに対するマイナスのインパクト（実際に生じたもの，または潜在的に生じる可能性があるもの）を防止，軽減または是正し，リスクと機会に対処するために，企業が実行したアクションの内容およびその結果
- 影響を受けるコミュニティに対するインパクトと依存から生じる，重要性があるリスクと機会の性質，種類および程度，ならびに企業がそれらをどのように管理しているか
- 影響を受けるコミュニティに対するインパクトと依存から生じる，短期・中期・長期の重要性があるリスクと機会が企業に与える財務影響

ESRS S3号は，ESRS 2号における開示要求を前提として，他のS領域のトピック別の基準と同様，大きく「戦略」，「IROの管理」と「指標および目標」の3領域で開示要求が構成されています。

ESRS S3号の開示要求の全体像は，**図表73-1**のように示すことができます。

図表73-1 ESRS S3号の開示要求の全体像

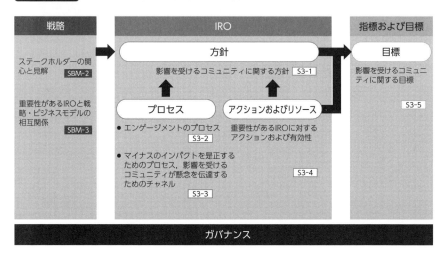

(出所：ESRS S3号に基づきKPMG作成)

なお，「指標および目標」に関する開示要求は，「バリューチェーンにおける労働者」を「影響を受けるコミュニティ」に置き換えるほかは，概ねESRS S2号におけるものと同様です。開示要求に関して開示すべき主なデータポイント（MDRに関する解説（**Q38**）で記載したものを除く。）は，**図表73-2**のとおりです。

図表73-2 目標について開示すべき情報

影響を受けるコミュニティに関する目標（ESRS S3-5）	
■影響を受けるコミュニティに関する目標に関連して，ESRS 2 MDR-T「目標に関する方針およびアクションの有効性の追跡」で示されている開示要求に基づく情報（**Q38**を参照）	S3.41

第3章　ESRS：トピック別の基準　　**213**

■目標の設定プロセス─これには，以下にあたって企業が影響を受けるコミュニティ，その正当性のある代表者または信頼できる代理者と直接エンゲージメントを実施したかどうかを含む 　●目標の設定 　●設定した目標に照らした企業のパフォーマンスの追跡 　●企業のパフォーマンスを踏まえた改善施策の識別	S3.42

（出所：ESRS S3号に基づきKPMG作成）

Q74 戦略およびIROの管理に関する開示

影響を受けるコミュニティに係る戦略およびIROの管理について，どのような情報の開示が求められていますか？

A. 影響を受けるコミュニティに係る戦略およびIROの管理について，開示情報の対象を「自社の労働者」から「影響を受けるコミュニティ」に置き換えるほかは，S1号の開示要求で定められている事項（Q68参照）と概ね同様の事項について開示することが要求されています。

解 説

ESRS S3号では，影響を受けるコミュニティに係る戦略，IROの管理に関する情報の開示が求められています。同基準におけるこれらの開示要求は，対象が「自社の労働者」か「影響を受けるコミュニティ」かの相違を除いて，概ねS1号と同様です。

ただし，個別の開示要求において開示すべき情報（データポイント）は，S1号の開示要求と異なる点があります。S3号の開示要求に関して開示すべき主なデータポイント（MDRに関する解説（**Q37**）で記載したものを除く。）は，**図表74－1**のとおりです。

図表74－1 戦略およびIROの管理について開示すべき情報

重要性があるIROと戦略・ビジネスモデルの相互関係（ESRS S3 SBM-3）	
■ESRS S3号に基づく開示範囲に影響を受けるコミュニティのうち重要性があるインパクトを受ける可能性がある人々がすべて含まれているか	S3.9
■以下の情報 ・企業によって重要性があるインパクトを受ける可能性があるコミュニティの種類，および負のインパクトを受けるリスクが高いのはどのような特性や状況にある者かを企業が理解するための方法 ・重要性があるマイナスのインパクトに関して，それらが広範またはシステミックなものか，またはそれらが個別の事案や個別の事業関係に関するものか ・重要性があるプラスのインパクトに関して，プラスのインパクトをもたらす活動の説明，インパクトを受ける可能性があるコミュニティの種類 ・影響を受けるコミュニティに対するインパクトおよび依存から生じる企業にとって重	S3.9, 10

第3章　ESRS：トピック別の基準　　**215**

要性があるリスクと機会	
■影響を受けるコミュニティに対するインパクトと依存から生じる重要性があるリスクと機会のうち，どれが特定のコミュニティのグループだけに関係するものか	S3.11

影響を受けるコミュニティに関する方針（ESRS S3-1）

■影響を受けるコミュニティに関する重要性があるIROを管理するために企業が採用した方針に関連して，ESRS 2 MDR-P「重要性があるサステナビリティ課題を管理するために採用する方針」で示されている開示要求に基づく情報（**Q37**を参照）	S3.14
■先住民に対するインパクトを防止し対処するための方針	S3.15
■影響を受けるコミュニティに関連する人権の方針のコミットメント	S3.16
■影響を受けるコミュニティに関する方針と国際的に認められた基準との整合性	S3.17

影響を受けるコミュニティとのエンゲージメントのプロセス（ESRS S3-2）

■影響を受けるコミュニティに対する実際および潜在的なインパクトを管理するための意思決定や活動の実施にあたって，影響を受けるコミュニティの見解が伝達されるか • エンゲージメントが，影響を受けるコミュニティまたはその正当性のある代表者と直接実施されているか • エンゲージメントが実施される段階，その種類と頻度 • エンゲージメントが実施され，その結果が企業のアプローチに反映されることを保証するための運用責任を有する企業内の組織とその最高位の役割 • 影響を受けるコミュニティとのエンゲージメントの有効性を評価する方法	S3.21
■特にインパクトを受ける可能性が高いコミュニティ（例：女性や少女）の見解を理解するために企業が実施する措置	S3.22
■影響を受けるコミュニティが先住民族の場合，ステークホルダーとのエンゲージメントのアプローチにおいて，先住民族に特有の権利をどのように考慮したか	S3.23

マイナスのインパクトを是正するためのプロセス，影響を受けるコミュニティが懸念を伝達するためのチャネル（ESRS S3-3）

■以下の情報 • 影響を受けるコミュニティに対する重要性があるマイナスのインパクトの是正に関する一般的なアプローチおよびプロセス • 影響を受けるコミュニティが企業に対して直接懸念や要望を伝達し，是正を要望するための特定のチャネル • 事業上の関係によって，上記のチャネルが利用できるようにすることを支援するためのプロセス • 提起・解決された問題をどのように追跡・監視しているか，およびチャネルの有効性を確保するための方法	S3.27
■影響を受けるコミュニティが懸念や要望を伝達し，是正を要望する仕組みやプロセスを理解し信頼しているかをどのように評価しているか，これらを利用した個人への報復防止に関する方針があるか	S3.28

重要性があるIROに対するアクションおよび有効性（ESRS S3-4）

■影響を受けるコミュニティに関連する重要性があるIROを管理するためのアクションプランおよびリソースに関して，ESRS 2 MDR-A「重要性があるサステナビリティ課題に関連するアクションおよびリソース」で示されている開示要求に基づく情報（**Q37**を参照）	S3.31

■以下の情報 ●影響を受けるコミュニティに対する重要性があるマイナスのインパクトを防止または軽減するために，計画または実行しているアクション ●発生した重要性があるインパクトを是正する，または是正を可能にするためのアクションをどのように実行したか ●影響を受けるコミュニティにプラスのインパクトを与えることを目的とした，追加的なアクションやイニシアチブ ●上記アクションやイニシアチブが意図した結果を生んでいるかを追跡し有効性を評価するための方法	S3.32
■以下の情報 ●影響を受けるコミュニティに対する重要性があるマイナスのインパクトに対処するために必要なアクションを識別するプロセス ●影響を受けるコミュニティに関する特定の重要性があるマイナスのインパクトに係るアクションを実施するためのアプローチ ●重要性があるマイナスのインパクトが生じた際に，それを是正するためのプロセスが利用可能であり，効果的であることをどのように確保するか	S3.33
■以下の情報 ●影響を受けるコミュニティに対するインパクトと依存から生じる重要性があるリスクを軽減するために，計画または実行しているアクション，およびその有効性を追跡する方法 ●影響を受けるコミュニティに関する重要性がある機会を追求するために，計画または実行しているアクション	S3.34
■自社の慣行が影響を受けるコミュニティに対して重要性があるマイナスのインパクトを生じさせたり，インパクトの発生に寄与しないようになっているか	S3.35
■影響を受けるコミュニティに関して深刻な人権問題および事案が報告されているか，報告されている場合にはその内容	S3.36
■重要性があるインパクトを管理するために，どのような資源を配分しているか	S3.38

ESRS適用開始時の経過措置

　ESRS S3号についてはすべての開示要求を対象とした経過措置（適用対象：直近事業年度の平均従業員数が750名以下の企業または連結グループの親会社）が設けられています。経過措置に関する詳細は，**Q40**をご参照ください。

（出所：ESRS S3号に基づきKPMG作成）

第3章　ESRS：トピック別の基準　　217

3－9 ｜ ESRS S4号「消費者およびエンドユーザー」

Q75 「消費者およびエンドユーザー」に係る開示要求の全体像

ESRS S4号「消費者およびエンドユーザー」に係る開示要求の全体像は，どのようなものですか？

A. 他のS領域のトピック別の基準と同様，大きく「戦略」，「IROの管理」と「指標および目標」の3領域で開示要求が構成されています。

なお，「指標および目標」に関する開示要求は，概ねESRS S2号におけるものと同様です。

解説

ESRS S4号「消費者およびエンドユーザー」の目的は，以下の点について情報利用者が理解できるような情報を提供することであるとされています(ESRS S4.1)。

- 重要性があるプラスおよびマイナスのインパクト（実際に生じたもの，または潜在的に生じる可能性があるもの）の観点から，企業が消費者およびエンドユーザーにどのような影響を与えているか
- 消費者およびエンドユーザーに対するマイナスのインパクト（実際に生じたもの，または潜在的に生じる可能性があるもの）を防止，軽減または是正し，かつリスクと機会に対処するために，企業が実施したアクションの内容およびその結果
- 消費者およびエンドユーザーに対するインパクトと依存から生じる，重要性があるリスクと機会の性質，種類および程度，ならびに企業がそれらをどのように管理しているか
- 消費者およびエンドユーザーに対するインパクトと依存から生じる，短期・中期・長期の重要性があるリスクと機会が企業に与える財務影響

ESRS S4号は，ESRS 2号における開示要求を前提として，他のS領域のトピック別の基準と同様，大きく「戦略」，「IROの管理」と「指標および目標」の3領域で開示要求が構成されています。

ESRS S4号の開示要求の全体像は，**図表75－1**のように示すことができます。

図表75－1 ESRS S4号の開示要求の全体像

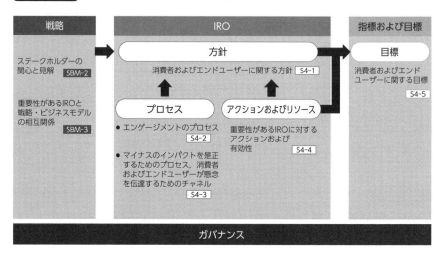

(出所：ESRS S4号に基づきKPMG作成)

なお，「指標および目標」に関する開示要求は，「バリューチェーンにおける労働者」を「消費者およびエンドユーザー」に置き換えるほかは，概ねESRS S2号におけるものと同様です。S4号の開示要求に関して開示すべき主なデータポイント（MDRに関する解説（**Q38**）で記載したものを除く。）は，**図表75－2**のとおりです。

図表75－2 目標について開示すべき情報

消費者およびエンドユーザーに関する目標（ESRS S4-5）	
■消費者およびエンドユーザーに関する目標に関連して，ESRS 2 MDR-T「目標に関する方針およびアクションの有効性の追跡」で示されている開示要求に基づく情報（**Q38**を参照）	S4.40

第3章　ESRS：トピック別の基準　　**219**

■目標の設定プロセス―これには，以下にあたって企業が消費者およびエンドユーザー，その正当性のある代表者または信頼できる代理者と直接エンゲージメントを実施したかどうかを含む 　●目標の設定 　●設定した目標に照らした企業のパフォーマンスの追跡 　●企業のパフォーマンスを踏まえた改善施策の識別	S4.41

（出所：ESRS S4号に基づきKPMG作成）

Q76 戦略およびIROの管理に関する開示

消費者およびエンドユーザーに係る戦略およびIROの管理について，どのような情報の開示が求められていますか？

A. 消費者およびエンドユーザーに係る戦略およびIROの管理について，開示情報の対象を「自社の労働者」から「消費者およびエンドユーザー」に置き換えるほかは，S1号の開示要求で定められている事項（**Q68**参照）と概ね同様の事項について開示することが要求されています。

解説

ESRS S4号では，消費者およびエンドユーザーに係る戦略，IROの管理に関する情報の開示が求められています。同基準におけるこれらの開示要求は，対象が「自社の労働者」か「消費者およびエンドユーザー」かの相違を除いて，概ねS1号と同様です。

ただし，個別の開示要求において開示すべき情報（データポイント）は，S1号の開示要求と異なる点があります。S4号の開示要求に関して開示すべき主なデータポイント（MDRに関する解説（**Q37**）で記載したものを除く。）は，**図表76－1**のとおりです。

図表76－1 戦略およびIROの管理について開示すべき情報

重要性があるIROと戦略・ビジネスモデルの相互関係（ESRS S4 SBM-3）	
■ESRS S4号に基づく開示範囲に消費者およびエンドユーザーのうち重要性があるインパクトを受ける可能性がある人々がすべて含まれているか	S4.10
■以下の情報 ・企業によって重要性があるインパクトを受ける可能性があるコミュニティの種類，および負のインパクトを受けるリスクが高いのはどのような特性や使い方をする消費者およびエンドユーザーなのかについて企業が理解するための方法 ・重要性があるマイナスのインパクトに関して，それらが広範またはシステミックなものか，またはそれらが個別の事案や個別の事業関係に関するものか ・重要性があるプラスのインパクトに関して，プラスのインパクトをもたらす活動の説明，インパクトを受ける可能性がある消費者およびエンドユーザーの種類	S4.10, 11

第3章　ESRS：トピック別の基準　　**221**

● 消費者およびエンドユーザーに対するインパクトおよび依存から生じる企業にとって重要性があるリスクと機会	
■ 消費者およびエンドユーザーに対するインパクトと依存から生じる重要性があるリスクと機会のうち，どれが特定の消費者およびエンドユーザーのグループだけに関係するものか	S4.12

消費者およびエンドユーザーに関する方針（ESRS S4-1）

■ 消費者およびエンドユーザーに関する重要性があるIROを管理するために企業が採用した方針に関連して，ESRS 2 MDR-P「重要性があるサステナビリティ課題を管理するために採用する方針」で示されている開示要求に基づく情報（**Q37**を参照）	S4.15
■ 消費者およびエンドユーザーに関連する人権の方針のコミットメント	S4.16
■ 消費者およびエンドユーザーに関する方針と国際的に認められた基準との整合性	S4.17

消費者およびエンドユーザーとのエンゲージメントのプロセス（ESRS S4-2）

■ 消費者およびエンドユーザーに対する実際および潜在的なインパクトを管理するための意思決定や活動の実施にあたって，消費者およびエンドユーザーの見解が伝達されるか ● エンゲージメントが消費者およびエンドユーザー，その正当性のある代表者または信頼できる代理者と直接実施されているか ● エンゲージメントが実施される段階，その種類と頻度 ● エンゲージメントが実施され，その結果が企業のアプローチに反映されることを保証するための運用責任を有する企業内の組織とその最高位の役割 ● 消費者およびエンドユーザーとのエンゲージメントの有効性を評価する方法	S4.20
■ 特にインパクトを受ける可能性が高い消費者およびエンドユーザー（例：障がい者や子供）の見解を理解するために企業が実施する措置	S4.21

マイナスのインパクトを是正するためのプロセス，消費者およびエンドユーザーが懸念を伝達するためのチャネル（ESRS S4-3）

■ 以下の情報 ● 影響を受けるコミュニティに対する重要性があるマイナスのインパクトの是正に関する一般的なアプローチおよびプロセス ● 影響を受けるコミュニティが企業に対して直接懸念や要望を伝達し，是正を要望するための特定のチャネル ● 事業上の関係によって，上記のチャネルが利用できるようにすることを支援するためのプロセス ● 提起・解決された問題をどのように追跡・監視しているか，およびチャネルの有効性を確保するための方法	S4.25
■ 消費者およびエンドユーザーが懸念や要望を伝達し，是正を要望する仕組みやプロセスを理解し信頼しているかをどのように評価しているか，これらを利用した個人への報復防止に関する方針があるか	S4.26

重要性があるIROに対するアクションおよび有効性（ESRS S4-4）

■ 消費者およびエンドユーザーに関連する重要性があるIROを管理するためのアクションプランおよびリソースに関して，ESRS 2 MDR-A「重要性があるサステナビリティ課題に関連するアクションおよびリソース」で示されている開示要求に基づく情報（**Q37**を参照）	S4.30

■以下の情報 • 消費者およびエンドユーザーに対する重要性があるマイナスのインパクトを防止または軽減するために，計画または実行しているアクション • 発生した重要性があるインパクトを是正する，または是正を可能にするためのアクションをどのように実行したか • 消費者およびエンドユーザーにプラスのインパクトを与えることを目的とした，追加的なアクションやイニシアチブ • 上記アクションやイニシアチブが意図した結果を生んでいるかを追跡し，有効性を評価するための方法	S4.31
■以下の情報 • 消費者およびエンドユーザーに対する重要性があるマイナスのインパクトに対処するために必要なアクションを識別するプロセス • 消費者およびエンドユーザーに関する特定の重要性があるマイナスのインパクトに係るアクションを実施するためのアプローチ • 重要性があるマイナスのインパクトが生じた際に，それを是正するためのプロセスが利用可能であり，効果的であることをどのように確保するか	S4.32
■以下の情報 • 消費者およびエンドユーザーに対するインパクトと依存から生じる重要性があるリスクを軽減するために計画または実行しているアクション，およびその有効性を追跡する方法 • 消費者およびエンドユーザーに関する重要性がある機会を追求するために，計画または実行しているアクション	S4.33
■自社の慣行が消費者およびエンドユーザーに対して重要性があるマイナスのインパクトを生じさせたり，インパクトの発生に寄与しないようになっているか	S4.34
■消費者およびエンドユーザーに関して深刻な人権問題および事案が報告されているか，報告されている場合にはその内容	S4.35
■重要性があるインパクトを管理するために，どのような資源を配分しているか	S4.37

ESRS適用開始時の経過措置

　ESRS S4号についてはすべての開示要求を対象とした経過措置（適用対象：直近事業年度の平均従業員数が750名以下の企業または連結グループの親会社）が設けられています。経過措置に関する詳細は，**Q40**をご参照ください。

（出所：ESRS S4号に基づきKPMG作成）

3-10 ESRS G1号「企業行動」

 企業行動をめぐる動向

企業行動（Business Conduct）をめぐる世界（EUを含む。）の動向について教えてください。

A. 企業活動のグローバル化の進展により，企業活動における人権の尊重や腐敗の防止などがより一層求められています。企業行動に関するテーマは多岐にわたることから，OECDが公表した「責任ある企業行動に関する多国籍企業行動指針」などの関連する指針や原則等が，多く存在しています。

ESRS G1号の開示要求は，これらとの整合性を考慮して策定されています。

解説

1 企業行動とは？

OECD（経済協力開発機構）ホームページによると「責任ある企業行動（Responsible Business Conduct）は，すべての企業が，企業の法的地位，規模，所有権およびセクターにかかわらず，事業を行う国の持続可能な開発に貢献しながら，事業の負のインパクトを回避，対処するという期待を醸成するもの」とされています。また，企業行動に関するテーマは，OECDが公表した「責任ある企業行動に関する多国籍企業行動指針」（Guidelines for Multinational Enterprises on Responsible Business Conduct）によると，人権，雇用および労使関係，環境，贈賄およびその他の形態の腐敗防止，消費者利益，科学・技術およびイノベーション，競争，納税など多岐にわたります。

ESRS G1号「企業行動」では，特に，以下の3点に焦点を当て，これらを

224

総称して「企業行動または企業行動に関する課題」としています（ESRS G1.2）。

- 企業倫理および企業文化（腐敗，贈収賄，公益通報者の保護および動物福祉を含む。）
- サプライヤーとの関係の管理（支払慣行を含む。）
- 政治的影響力の行使に関連する企業の活動およびコミットメント（ロビー活動を含む。）

2　世界の動向

(1)　国際連合による取組み

　企業活動のグローバル化の進展により，企業活動における腐敗の防止などがより一層求められています。ESRS G1号「企業行動」に関する開示要求は，国際連合（国連）による以下のような動向を踏まえて作成されています（参考：EFRAG Draft ESRS Explanatory note November 2022）。

①　国連グローバル・コンパクト

　国連が提唱するイニシアチブである「グローバル・コンパクト」では，人権，労働，環境，腐敗防止について10の原則の遵守が企業に要請されています。このうち原則10では，企業は，強要や贈収賄を含むあらゆる形態の腐敗防止に取り組むべきとされています。

　これらの内容は，腐敗および贈収賄の防止と発見（ESRS G1-3），腐敗および贈収賄の事案（ESRS G1-4）に組み込まれています。

②　国連のビジネスと人権に関する指導原則

　国連の人権理事会は2011年に「ビジネスと人権に関する指導原則」（UN Guiding Principles on Business and Human Rights）を承認しています。同指導原則では，原則29において，申し立てられた苦情に早期に対処するため，企業は，悪影響を受けた可能性のある個人またはコミュニティのために運用レベルで効果的な苦情処理の仕組みを自ら構築するか，またはそれに参加すべきで

第3章 ESRS：トピック別の基準 **225**

あるとされています。

　企業行動に関連する方針および企業文化（ESRS G1-1）では，公益通報者の保護に関する方針の説明が求められますが，これは，同指導原則を反映したものとなっています。

　なお，ビジネスと人権に関する指導原則については，**Q65**をご参照ください。

③　国連の持続可能な開発目標

　国連が推進している「持続可能な開発目標」（SDGs）は，多くのESRSの開示要求に反映されています。ガバナンスのトピック開示では，SDGs16.5の目標（あらゆる形態の腐敗および贈収賄を大幅に減少させる）およびSDGs16.6の目標（あらゆるレベルにおいて，有効で説明責任のある透明性の高い公共機関を発展させる）について，腐敗および贈収賄の防止と発見（ESRS G1-3），腐敗および贈収賄の事案（ESRS G1-4），企業行動に関連する方針および企業文化（ESRS G1-1）に組み込まれています。

　また，サプライヤーとの関係の管理（ESRS G1-2）には，SDGs17の目標（持続可能な開発に向けてグローバル・パートナーシップを強化する）が間接的に組み込まれています。

(2)　その他関連する動向

　国連以外でも，腐敗の防止を含む企業行動に関する行動規範に関して，国際的にまたはEUレベルで指針や法令の整備が進められています。ESRS G1号「企業行動」に関する開示要求は，以下のような指針やガイダンス等も考慮したうえで作成されています（参考：EFRAG Draft ESRS Explanatory note November 2022）。

①　責任ある企業行動に関する多国籍企業行動指針（OECD）

　OECDが公表した「責任ある企業行動に関する多国籍企業行動指針」では，第3章「情報開示」の項目において，企業行動に関する声明，企業の方針およびその他の行動規範とこれらの声明および行動規範に関連した企業の実績を取り扱っています。これらの内容は，企業行動に関連する方針および企業文化

（ESRS G1-1）に部分的に組み込まれていると考えられます。

　また，第7章「贈賄およびその他の形態の腐敗の防止」の項目で記載されている内容は，腐敗および贈収賄の防止と発見（ESRS G1-3），腐敗および贈収賄の事案（ESRS G1-4）および，政治的影響力およびロビー活動（ESRS G1-5）に反映されています。

② 社会的責任に関するガイダンス（ISO）

　ISO（国際標準化機構）が公表した「社会的責任に関するガイダンス」（ISO 26000）は，組織統治，人権，労働慣行，環境や公正な事業慣行などの社会的責任に関する原則および中核的なテーマを取り扱っており，多くのESRSの開示要求に反映されています。

　例えば，ガバナンスのトピック開示では，ISO 26000第6.6項の公正な事業慣行について，サプライヤーとの関係の管理（ESRS G1-2），腐敗および贈収賄の防止と発見（ESRS G1-3），腐敗および贈収賄の事案（ESRS G1-4）に組み込まれていると考えられます。また，ISO 26000第4.3項の透明性の原則では，組織が社会と環境への影響を開示することの重要性を強調しており，これはCSRDおよびESRS全体の構造に反映されています。

③ 公益通報者保護指令（EU）

　EUにおける「公益通報者保護指令」は，労使関係の中で，EU法に違反する行為や公共の利益に対する脅威を情報公開する人々を保護するための法的な枠組みを定めています。企業行動に関連する方針および企業文化（ESRS G1-1）の開示要求には，同指令の原則が組み込まれています。

第3章 ESRS：トピック別の基準 **227**

Q78 「企業行動」に係る開示要求の全体像

ESRS G1号「企業行動」に係る開示要求の全体像は，どのような
ものですか？

A. ESRS G1号は，大きく「ガバナンス」，「IROの管理」，「指標および
目標」の3領域で開示要求が構成されています。

また，「ガバナンス」についてはESRS 2号と整合的な内容を開示要
求とする一方，「IROの管理」と「指標および目標」については個別
の課題に焦点を当てて各課題に対応する具体的な開示要求が設定され
ています。

解 説

ESRS G1号「企業行動」の目的は，企業行動または企業行動に関する課題
に係る企業の戦略，アプローチ，プロセス，手続およびそのパフォーマンスを
企業のサステナビリティステートメントの利用者が理解できるようにすること
であるとされています（ESRS G1.1）。

ESRS G1号は，企業行動または企業行動に関する課題として，以下の内容
に焦点を当てています（ESRS G1.2）。

- 企業倫理および企業文化（腐敗および贈収賄の防止，公益通報者の保護および
  動物福祉を含む。）
- サプライヤーとの関係の管理（支払慣行を含む。）
- 政治的影響力の行使に関連する企業の活動およびコミットメント（ロビー活動
  を含む。）

上記の焦点が当てられている領域と各開示要求との関係については，**図表
78－1**をご参照ください。

図表78－1 ESRS G1号「企業行動」の領域と各開示要求との関係

		主なIROの開示内容		主な指標と目標の開示内容	
1	企業倫理・企業文化	● 企業文化を確立・発展・促進・評価する取組み	G1-1		
	4 公益通報者保護	● 保護に関する方針（ない場合，その旨・策定計画の有無・スケジュール）			
	5 動物福祉	● （該当ある場合）方針を策定しているか			
	6 腐敗・贈収賄防止	● 防止・発見・調査・対処するシステム	G1-3	● 腐敗・贈収賄の事案	G1-4
2	政治的影響力（ロビー活動を含む。）	—		● 活動の種類・目的，政治献金の総額	G1-5
3	サプライヤーとの関係の管理	● サプライヤーとの関係の管理に関するアプローチ ● 選定時に社会・環境に関する規準を考慮するか	G1-2	—	
	7 支払慣行	● 支払遅延を防止するための方針		● 支払慣行（平均支払日数等）	G1-6

（出所：ESRS G1号に基づきKPMG作成）

ESRS G1号では，「IROの管理」，「指標および目標」に加え，企業行動に係る「ガバナンス」に関する開示が要求されています。また，企業は，「IROの管理」に関する開示において，企業行動に関連する重要性があるIROを識別，評価，管理および是正するための「方針」と，それに対処するために企業が採用した主要な「アクションとリソース」の内容をステークホルダーが理解できるように開示することが要求されています（ESRS G1.7, 12, 16）。

加えて，方針やアクションを実行するために企業が設定した「指標」とそれに関する「目標」（実績値も含む。）についての開示が要求されています（ESRS G1.22, 27, 31）。なお，ESRS G1号には，ESRS 2号のMDRについての言及がありませんが，EFRAGの見解では，他のトピック別の基準と同様，方針，アクション，指標および目標に関して，MDRに準拠すべきとされています（EFRAG ESRS Implementation Q&A Platform – Compilation of Explanations January – May 2024 Question ID 479）。

ESRS G1号の開示要求の全体像については，**図表78－2**をご参照ください。

第3章 ESRS：トピック別の基準

図表78-2 ESRS G1号「企業行動」の開示要求の全体像

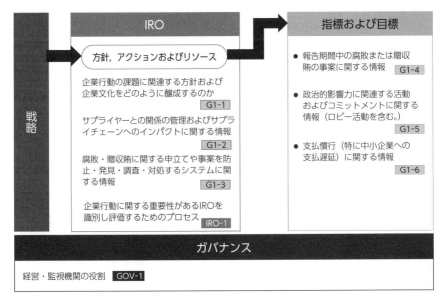

(出所：ESRS G1号に基づきKPMG作成)

ガバナンスおよびIROの管理に関する開示

ガバナンスおよびIROの管理について，どのような情報の開示が求められていますか？

A. 企業は，企業行動に係るガバナンスについて「経営・監視機関の役割」に関する情報を，またIROの管理について「重要性があるIROを識別し評価するためのプロセス」，「企業行動に関連する方針および企業文化」，「サプライヤーとの関係の管理」および「腐敗および贈収賄の防止と発見」に関する情報を開示することが求められています。

解説

ESRS G1号では，企業行動に関連するガバナンスおよびIROの管理について，以下の情報を開示することが求められています。

1 ガバナンス

経営・監視機関の役割を開示する際，以下の情報を含めることが要求されています（ESRS G1.5）。

- 企業行動に関する経営・監視機関の役割
- 企業行動に関する課題について経営・監視機関が有する専門的な知識

2 IROの管理

企業行動に関するIROの管理に係る開示要求は，主に以下のとおりです。

(1) 企業行動に関する課題と関連する重要性があるIROを識別し評価するためのプロセス（ESRS 2 IRO-1）

企業行動に関する課題と関連する重要性があるIROを識別するためのプロセスについて開示する場合，当該プロセスで使用したすべての規準（対象とする

第3章　ESRS：トピック別の基準　　**231**

場所，活動，セクター，取引の仕組みに関するものを含む。）を開示すること
が要求されています（ESRS G1.6）。

⑵　企業行動に関連する方針および企業文化（ESRS G1-1）

　企業行動に関する課題と関連する方針，および企業文化をどのように醸成し
ているかについて，開示することが要求されています（ESRS G1.7）。

　この開示により，①企業行動の課題に関連する重要性があるIROを識別，評
価，管理，是正するために企業が採用した方針の内容，および②企業文化への
企業の取組みについて，情報利用者が理解できるようにすることが企図されて
います（ESRS G1.8）。

⑶　サプライヤーとの関係の管理（ESRS G1-2）

　企業は，サプライヤーとの関係の管理およびサプライチェーンに対するイン
パクトに関する情報を提供することが要求されています（ESRS G1.12）。

　この開示により，サプライヤーとの公正な行動に関する点を含め，企業の調
達プロセスの管理のあり方について情報利用者が理解できるようにすることが
企図されています（ESRS G1.13）。

⑷　腐敗および贈収賄の防止と発見（ESRS G1-3）

　企業は，腐敗および贈収賄に関する申立てや事案を防止，発見，調査，対処
するためのシステム（関連する研修を含む。）に関する情報を提供することが
要求されています（ESRS G1.16）。

　この開示により，腐敗および贈収賄に関する申立てや事案を防止，発見，対
処するための企業の主要な手続について透明性を提供することが企図されてい
ます（ESRS G1.17）。

　上記の開示要求に関して開示すべき主なデータポイント（本文で記載したも
のを除く。）は，**図表79－1**のとおりです。

図表79-1 IROの管理について開示すべき情報

企業行動に関連する方針および企業文化 (ESRS G1-1)	
■企業文化を，どのように確立し，発展させ，促進し，評価しているか	G1.9
■企業行動に関する課題に関連する方針について，以下の事項	G1.10
・違法行為や内規違反に関する懸念を識別，報告，調査するための仕組みの説明，および社内外のステークホルダーからの通報に対処しているか	
・国連腐敗防止条約に沿って腐敗または贈収賄を防止しようとする方針がない場合，その旨，方針を整備する計画があるか，および（該当がある場合）整備に向けたスケジュール	
・どのように公益通報者を保護しているか（公益通報の報告チャネルの整備，通報者の報復からの保護のあり方）	
・公益通報者の保護に関する方針がない場合，その旨，および方針を整備する計画があるかどうか，および（該当がある場合）整備に向けた実施スケジュール	
・企業行動に関する事案（贈収賄等）があった場合に当該事案を迅速にかつ独立性があって客観的な方法で調査するための手続を有しているか	
・（該当がある場合）動物福祉に関する方針があるかどうか	
・企業行動について組織内で実施する研修に関する方針	
・企業の中で腐敗および贈収賄に関して最もリスクの高い部門	
サプライヤーとの関係の管理 (ESRS G1-2)	
■特に中小企業に対する支払遅延を防止するための方針	G1.14
■サプライヤーとの関係の管理に関する以下の情報	G1.15
・サプライチェーンに関連するリスクやそれがサステナビリティ課題に与えるインパクトを考慮した，サプライヤーとの関係に対する企業のアプローチ	
・サプライヤーの選定時に社会や環境に関する規準を考慮しているかどうか，（考慮している場合）その方法	
腐敗および贈収賄の防止と発見 (ESRS G1-3)	
■腐敗および贈収賄の防止と発見に関する以下の情報	G1.18
・腐敗および贈収賄の申立てや事案を防止し，発見し，対処するための手続の説明	
・調査主体または調査委員会が腐敗および贈収賄に関与がある者の指揮から独立しているかどうか	
・経営・監視機関に調査結果を報告するプロセス	
■対処する手続がない場合，その旨および（該当がある場合）手続を導入する計画	G1.19
■腐敗および贈収賄の防止と発見に関する方針を関係者に対してどのように伝達しているか	G1.20
■腐敗および贈収賄の防止と発見に係る研修に関する以下の情報	G1.21
・企業が腐敗および贈収賄の防止のために実施する研修の性質，範囲および深度	
・研修受講が要請されている部門の割合	
・経営・監視機関のメンバーに対して研修が実施されている程度	

（出所：ESRS G1号に基づきKPMG作成）

Q80 指標および目標に関する開示

企業行動に関する課題に係る指標および目標について，どのような情報の開示が求められていますか？

A. 企業は，腐敗または贈収賄の事案，政治的影響力およびロビー活動，支払慣行に関する情報を開示することが求められています。

解説

ESRS G1号では，企業行動に関する課題に係る指標および目標について以下に関する情報を開示することが要求されています。

1 腐敗および贈収賄の事案（ESRS G1-4）

報告期間における腐敗または贈収賄の事案に関する情報を提供することが要求されています（ESRS G1.22）。

この開示により，報告期間における腐敗または贈収賄に関連する事案とそれに関連する結果について透明性を提供することが企図されています（ESRS G1.23）。

2 政治的影響力およびロビー活動（ESRS G1-5）

政治的影響力の行使に関連する活動およびコミットメント（重要性があるIROに関連するロビー活動を含む。）に関する情報を提供することが要求されています（ESRS G1.27）。

この開示により，ロビー活動の種類と目的を含め，政治献金による政治的影響力の行使に関連する企業の活動およびコミットメントについて透明性を提供することが企図されています（ESRS G1.28）。

3 支払慣行（ESRS G1-6）

支払慣行に関する情報を提供することが要求されています（ESRS G1.31）。
この開示により，契約上の支払条件と支払実績（特に中小会社に対する支払

234

遅延）に関する洞察を提供することが企図されています（ESRS G1.32）。

　上記の開示要求に関して開示すべき主なデータポイント（本文で記載したものを除く。）は，**図表80－1**のとおりです。

図表80－1　**指標および目標について開示すべき情報**

腐敗および贈収賄の事案（ESRS G1-4）	
■腐敗および贈収賄の事案に関する以下の情報 　●腐敗および贈収賄防止法違反による有罪判決件数と罰金額 　●腐敗および贈収賄防止の手続と基準違反に対して講じられた措置	G1.24
■事案に企業またはその従業員が直接関与していた場合，バリューチェーンの当事者が関与した事案	G1.26
政治的影響力およびロビー活動（ESRS G1-5）	
■政治的影響力およびロビー活動に関する以下の情報 　●これらの活動の監視について経営・監視機関において責任を有する者 　●直接的および間接的に行った金銭または現物による政治献金の総額（国または地域別，関連する場合には受領者または受益者の種類別），および支給された現物の金銭的価値の見積方法 　●ロビー活動において対象とされた主なトピック，および企業が主張した内容 　●企業がEUで設置されている透明性登録簿（EU Transparency Register）等に登録がある場合，登録簿の名称および登録簿に登録されている識別番号	G1.29
■過去2年間に行政機関（規制当局を含む。）で幹部であった者を当期間中に経営・監視機関の構成員として任命した場合，これに関する情報	G1.30
支払慣行（ESRS G1-6）	
■支払慣行に関する以下の情報 　●契約上，支払義務が確定してから支払いまでに要する平均日数 　●サプライヤーの主要なカテゴリーごとの標準的な支払条件（日数）とその割合 　●支払遅延による係争中の訴訟事件の件数 　●その他必要な補足情報	G1.33

（出所：ESRS G1号に基づきKPMG作成）

第4章

関連する法令・保証業務

236

4－1 SFDR

Q81 SFDRの概要

EUで2019年に公表されたサステナブルファイナンス開示規則
(The Sustainable Finance Disclosure Regulation (SFDR)) とは，
どのような法令でしょうか？

A. SFDRは，EUにおいて金融市場参加者および金融アドバイザーに
対してサステナビリティ情報の開示を求めるEUにおける規則です。

解 説

1 背 景

EUでは，2018年3月に欧州委員会が「サステナブルファイナンスに係るアクションプラン」(Action Plan: Financing Sustainable Growth) を公表しました。同アクションプランは，金融機能を地球およびEUの社会に便益をもたらすEU経済に特有のニーズと結び付けるため，気候および持続可能な開発のアジェンダを支援するために金融システムをどのように変えていく必要があるかに関する戦略を明らかにしたものです。

同アクションプランでは，EUにおいてサステナブルファイナンスを推進するために対処すべきさまざまな課題やこれに関連して実施すべきアクションが示されています。その中で，開示の関連では，機関投資家や資産運用会社が投資プロセスにおいてサステナビリティに係る要素やリスクをシステマチックに考慮していないほか，顧客（資金拠出者である投資家）がこれらの情報を十分に受領していないことが課題として示されました。こうした課題を受けて，資金拠出者が投資のパフォーマンスを評価する際にサステナビリティに関するリスクを考慮できるようにするため，機関投資家や資産運用会社等に対してサス

テナビリティ情報の開示を要求することがEUにおいて講ずべきアクションとして示されました。

2　SFDRの概要

　SFDRは，上記の背景を踏まえ，2019年11月に金融市場参加者（Financial Market Participant）と金融アドバイザー（Financial Advisor）に対してサステナビリティ関連情報の開示を要求するEUにおける法令（規則）として成立しています。SFDRにおいて，「金融市場参加者」には，投資会社，公募投資信託の管理会社，私募投資信託の運用会社，銀行のような与信金融機関，保険型の投資商品を提供する保険会社や年金商品の設計者等が含まれます。また，「金融アドバイザー」には，投資アドバイスを提供する投資会社，公募投資信託の管理会社，私募投資信託の運用会社，銀行のような与信金融機関，保険型の投資商品に関する助言をする保険仲介業者等が含まれます（SFDR 2条）。

　SFDRでは，金融市場参加者と金融アドバイザーに対して，サステナビリティ関連のリスクと主要な負のインパクトをどのように投資判断プロセスに組み込んでいるかに関して，エンティティレベルの開示と商品レベルの開示を要求しています。詳細については，**Q82**をご参照ください。

3　SFDRの適用

　SFDRは2021年3月から適用されており，これに基づき，金融市場参加者および金融アドバイザーによる開示がされています。その後，2022年3月にSFDRに基づいてサステナビリティ情報を開示する際に準拠すべき内容，数値の算定方法，様式について詳細を定める技術的な基準について定める委任法令が公表されています。こうした経緯を経て，SFDRに基づく開示はより詳細なものになっています。また，欧州委員会は，適用経験を踏まえて見直すべき点がないかどうかを評価するため，2023年9月に公開協議を実施しており，その結果が2024年3月に公表されています。

　なお，SFDRはその後に定められたEU Taxonomy Regulation（以下「EUタクソノミー規則」という。）やCSRDとともにサステナブルな経済活動に民間投資を呼び込むためのEUにおけるサステナビリティ関連法令の1つとして位

置付けられます。

　SFDRの成立や適用に向けた経緯は，**図表81－1**のように整理できます。

図表81－1　　**SFDRの成立や適用に向けた経緯**

2018年	2019年	2022年	2023年
サステナブルファイナンスに係るアクションプランの公表	SFDRレベル1の成立（2021年適用開始）	SFDRレベル2の成立（2023年適用開始）	適用経験を踏まえた公開協議

（出所：欧州委員会ウェブページに掲載されたプレスリリース等に基づきKPMG作成）

第4章 関連する法令・保証業務　239

 SFDRで要求される開示

SFDRでは，どのような情報を開示することが求められていますか？

A. SFDRでは，金融市場参加者および金融アドバイザーに関するエンティティレベルの情報と，取り扱う対象に関する金融商品レベルの情報について開示が求められています。

また，金融商品は，適用されるSFDRの条文に基づき，6条金融商品，8条金融商品および9条金融商品に分類され，異なる情報の開示が求められています。

解　説

1　SFDRによる開示要求の概要

SFDRにおける開示要求は，大きくエンティティレベル（Entity Level）のものと金融商品レベル（Product Level）のものに分類されます。

エンティティレベルの開示については，金融市場参加者および金融アドバイザーに対して，主に以下に関する情報を自社のウェブサイトに開示することが要求されています。

(1) サステナビリティ関連リスクへの対処方針（SFDR3条）
 - 金融市場参加者が投資意思決定プロセスにおいてサステナビリティ関連リスクをどのように組み込んでいるか
 - 金融アドバイザーが投資や保険に関する助言の提供に際してサステナビリティ関連リスクをどのように組み込んでいるか
(2) サステナビリティに関する負のインパクトの考慮（SFDR4条）
 - 金融市場参加者が自らの投資意思決定にあたってサステナビリティの要因に与える主要な負のインパクト（Principal Adverse Impact，以下「PAI」という。）を考慮している場合，PAIに対するデュー・デリジェンスの方針に関するステートメント

- 金融市場参加者が自らの投資意思決定にあたってサステナビリティの要因に与える負のインパクト（adverse impact）を考慮していない場合，その理由
(3) サステナビリティリスクと報酬決定の方針との関係（SFDR 5条）
  - 金融市場参加者および金融アドバイザーによるサステナビリティ関連リスクの組込みが自らの報酬決定に関する方針とどのように整合しているか

なお，(2)の「PAIに対するデュー・デリジェンスの方針に関するステートメント」には，PAIおよびその要因の識別・優先順位付けに関する方針，PAIの内容および対処するためのアクション，エンゲージメントに関する方針，責任ある企業行動やデュー・デリジェンスに係る国際的に認められた基準への遵守に関する事項が含まれています。

2　金融商品レベルの開示

金融商品レベルで開示すべき情報は，SFDRの6条，8条および9条のいずれの適用対象になるかによって異なります。これは，各条文が対象とする金融商品がサステナビリティ要因の推進に関して異なる性質を有しているためです。各条文が対象としている金融商品の性質は，**図表82-1**のように示すことができます。

金融商品レベルの開示については，金融市場参加者および金融アドバイザーに対して，契約前開示と定期開示が求められています。

図表82-1　SFDRの各条文が対象としている金融商品の性質

SFDRの条文	適用される要件と想定されている金融商品の性質
6条	8条および9条以外の金融商品
8条	**（要件）** 金融商品が気候関連その他環境または社会に関する特性を推進するものである。 **（性質）** 気候関連その他環境または社会の目標を推進する投資で構成されている。
9条	**（要件）** 金融商品がサステナビリティ投資自体を目的としており，インデックスが参照ベンチマークとされている。

第4章　関連する法令・保証業務　　**241**

	(性質) サステナビリティの要因を考慮する度合いが最も強い。

（出所：SFDR 6，8，9条に基づきKPMG作成）

242

4－2 EUタクソノミー規則

Q83 EUタクソノミー規則の概要

　　　2020年に成立したEUタクソノミー規則とは，どのような規則でしょうか？

A. 　　　EUタクソノミー規則は，企業がどの程度，環境の観点からサステナブルな経済活動を行っているかについて，KPIを用いて情報を開示する仕組みを定めたEUにおける規則です。

解 説

1 背 景

　Q81の解説で記載したとおり，EUでは，2018年3月に欧州委員会が「サステナブルファイナンスに係るアクションプラン」を公表し，気候および持続可能な開発のアジェンダを支援するために金融システムをどのように変えていくべきかについての戦略が示されました。その中で，資金のフローがよりサステナブルな経済活動に対して向かっていくようにするため，どのような経済活動が「サステナブル」と判断できるかに関する規準として，EUにおいて統一的な分類の仕組みを構築することが実施すべきアクションとして示されました。

　これを受けて，2018年7月にサステナブルファイナンスに関するTechnical Expert Group（TEG）が組成され，当該仕組みの検討が本格化しました。その後，さまざまな議論を踏まえたうえで，2020年6月にEU Taxonomy Regulation（以下「EUタクソノミー規則」という。）が成立しました。

2 EUタクソノミー規則の概要

　EUタクソノミー規則は，金融市場におけるサステナブルな投資について共

第4章 関連する法令・保証業務 **243**

通言語を形成し，投資先の企業における企業活動をサステナビリティの観点から分類する仕組みを定めた法令（規則）です。この仕組みを通じて，最終投資家，金融市場参加者や金融アドバイザー等さまざまな利害関係者の間で，どのような投資や企業活動がサステナビリティに貢献するのかに関する共通認識が形成されることが期待されています。

EUタクソノミー規則に基づき，企業は自らの活動が「環境の観点からサステナブル（environmentally sustainable）な経済活動」に該当する割合についてKPIを用いて単体または連結ベースで説明することが要求されています（EUタクソノミー規則8条）。KPIの概要や算定方法については，**Q84**をご参照ください。

EUタクソノミー規則では，当初，NFRDの適用対象となる企業が2022年1月以降に一定の開示をすることが要求されていました。しかし，その後，CSRDの成立を踏まえ，会計指令の19a条または29a条に基づいて非財務情報を公表する義務を負う企業はEUタクソノミー規則で定められるKPI等を開示する義務を負うとされています。このため，例えば，決算期が12月のEU域内の非上場の大会社であれば，2025年12月期より，EUタクソノミー規則に基づく開示が要求されます。

3 EUタクソノミー規則と委任法令

EUタクソノミー規則は，2020年6月に公表されていますが，その後，多くの委任法令が公表され，細則が定められています。

図表83－1において，これらの関係をまとめています。

図表83－1 EUタクソノミー関連の委任法令

委任法令名称	概　　要
Climate Delegated Act	2021年4月に採択された委任法令で，どのような経済活動が気候変動の緩和・適応に実質的に貢献し，また他の環境目標について重大な損害をもたらすものでないかについて定めたもの。 また，2023年6月に採択された委任法令によって一部修正されている。

Complementary Climate Delegated Act	2022年3月に採択された委任法令で，一定の要件を満たす原子力およびガス関連の活動が上記の経済活動に含まれるように修正されている。
Environmental Delegated Act	2023年6月に採択された委任法令で，気候関連の課題以外の環境課題について上記と同様の事項について定めたもの。
Disclosures Delegated Act	2021年7月に採択された開示に関する委任法令で，EUタクソノミー規則に基づき開示すべき情報について具体的に定めたもの。また，2023年6月に採択された委任法令によって一部修正されている。

(出所：欧州委員会のウェブページ「EU taxonomy for sustainable activities」に基づきKPMG作成)

EUタクソノミー規則で要求される開示

EUタクソノミー規則では，どのような情報を開示することが求められていますか？

A. EUタクソノミー規則では，自社の活動が環境の観点からサステナブルな経済活動に該当する割合をKPIとして開示することが要求されているほか，その内容を補足する定性的な情報の開示が要求されています。

解 説

1 KPIの開示

EUタクソノミー規則では，自社の活動が環境の観点からサステナブルな経済活動に該当する割合をKPIとして開示することが要求されているほか，その内容を補足する定性的な情報の開示が要求されています。

KPIの種類は事業会社と金融機関で異なります。事業会社では，売上高，資本的支出および費用的支出の3つに関する割合をKPIとして開示することが要求されています。それぞれの内容は，**図表84－1**のとおりです。

図表84－1　事業会社が開示するKPI

$$\text{純売上高 (Net Turnover)} = \frac{\text{下記のうち，Taxonomy-alignedな経済活動と関連する製品・サービスによる金額}}{\text{当期における純売上高}}$$

$$\text{資本的支出 (CapEx)} = \frac{\text{下記のうち，Taxonomy-alignedな経済活動と関連する支出額}}{\text{当期において資産計上された有形資産や無形資産の追加取得額}}$$

$$\text{費用的支出 (OpEx)} = \frac{\text{下記のうち，Taxonomy-alignedな経済活動と関連する費用計上額}}{\text{当期において費用計上された研究開発費等の金額}}$$

（出所：COMMISSION DELEGATED REGULATION（EU）2021/2178のANNEXに基づきKPMG作成）

一方，金融機関では，**図表84-2**のとおり，金融業の種類ごとに保有するグリーンなファイナンスや投資資産の割合がKPIとして定められています。

図表84-2 金融機関が開示するKPI

与信金融機関が保有する資産のうちグリーンな資産の割合	$=$ 下記のうち，Taxonomy-alignedな経済活動と関連する額 / 貸借対照表に計上されている対象資産の合計額
保険会社や再保険会社による保険契約の引受けのうちグリーンな契約の割合	$=$ 下記のうち，Taxonomy-alignedな経済活動と関連する額（気候変動リスクへの適応と関連する額）/ 生命保険以外の保険契約の引受けによって受領した保険金の合計額
アセットマネジャーや投資会社の運用資産のうちグリーンな資産の割合	$=$ 下記のうち，Taxonomy-alignedな経済活動と関連する額 / 資産運用の対象資産の合計額

（出所：COMMISSION DELEGATED REGULATION（EU）2021/2178のANNEXに基づきKPMG作成）

2　KPIの算定方法

EUタクソノミーにおいて，「自社の活動が環境の観点からサステナブルな経済活動に該当するか」どうかは，大きく2つのステップを経て判断されます。

第1ステップ	Taxonomy eligibleな経済活動に該当するかを判断

- 企業の経済活動の中からEUタクソノミーのClimate Delegated ActやEnvironmental Delegated Actに記載されている経済活動のリストに整合するもの（Taxonomy Eligible）を識別します。

第4章 関連する法令・保証業務　247

| 第2ステップ | ステップ1で識別された活動がTaxonomy alignedなものかどうかを判断 |

- 次に，識別されたサステナブルになりうる経済活動のうち，委任法令において定められた4つの要件に照らして判断します。4つの要件とは，以下のとおりです。
  (1) 経済活動がEUタクソノミー規則で定められている6つの環境目標（気候変動の緩和，気候変動への適応，水および海洋資源の持続可能な使用と保全，循環型経済への移行，汚染防止と生物多様性および生態系の保護・再生）のいずれかに実質的に貢献する（SC：Substantial Contribution）と認められること
  (2) 6つの環境目標のうち，実質的な貢献をするとしない他の環境目標についても重大な損害をもたらさない（DNSH：Do No Significant Harm）こと
  (3) 委任法令において定められている最低限のセーフガードの規準を満たすこと（MS：Minimum Safeguard）
  (4) 委任法令の附録で示される技術的なスクリーニング規準（TSC：Technical Screening Criteria）の要件を満たすこと
- これらすべての要件を満たす経済活動が，EUタクソノミー規則において「環境の観点からサステナブル（Taxonomy-aligned）な経済活動」と判断されます。

上記を踏まえ，EUタクソノミー規則に基づくKPIの開示に関するステップは，**図表84-3**のように示すことができます。

図表84-3　KPIの開示に関するステップ

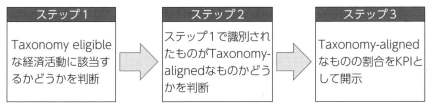

（出所：欧州委員会のA user guide to navigate the EU Taxonomy for sustainable activitiesに基づきKPMG作成）

3 定性的な情報の開示

　EUタクソノミー規則では，KPIに加え，KPIの算定基礎に関する理解に資する定性的な情報の開示が要求されています。また，EUタクソノミー規則の開示に係る委任法令では，附録においてアセットマネジャーや与信金融機関等に対するものがそれぞれ定められています。

第4章　関連する法令・保証業務　　249

4-3 CSDDD

Q85 CSDDDの概要

企業サステナビリティデュー・デリジェンス指令（CSDDD）の全体像について教えてください。

A. CSDDDは，売上高や従業員数などが一定規模を超える企業を対象に，デュー・デリジェンスの実施を義務付け，自社および子会社の活動ならびにバリューチェーンにおいて人権および環境に対して生じさせる負のインパクトを識別し，対処することを求めるEUにおける指令です。CSDDDでは，気候変動の緩和に関する移行計画（一定の要件を満たすもの）を作成・適用することも要求されています。

CSDDDは，EU域内企業のみならず，EU域内に子会社を有し，事業を展開している一定規模を超えるEU域外企業に対しても適用される点に留意が必要です。

解説

1 CSDDDの成立の背景

サステナブルな経済への移行はEUにとって主要な政治的課題であり，サステナブルで公正な経済と社会の創設に向けて企業が重要な役割を果たすことが期待されています。

これまで，企業は国際的な枠組みに従って任意でサステナビリティ課題に関するデュー・デリジェンスの取組みを進めており，これにより一定の成果が上げられていました。2020年に欧州委員会から公表されたリサーチ報告書「サプライチェーンを通じたデュー・デリジェンスの要求事項に関する研究」においても，リサーチを実施した対象の3分の1を上回る企業において，すべての人

権および環境に対するインパクトを考慮してデュー・デリジェンスが実施されているとの報告がされています。

しかし，同報告書では，企業によるデュー・デリジェンスの取組みは，多くの場合，企業にとって直接の取引先（Tier1）しか対象としていない旨が報告されています。人権や環境に関する問題の多くが企業のバリューチェーンの奥深いところで発生しているという事実を踏まえると，これは十分でない可能性があります。また，EUの一部の加盟国では，デュー・デリジェンスの実施を義務付ける法律が成立，あるいは法律の成立が予定されており，こうした中で，法的な枠組みが明確でなく整合的でない点について懸念が示されるようになっていました。さらに，EU域外においても，一部の国（例：カナダ，韓国）で，サステナビリティ課題に関するデュー・デリジェンスの実施の法制化が検討されています。

CSDDDは，こうした背景を踏まえ，2024年にEUレベルの指令として成立し，発効されています。

2　CSDDDの主な内容

CSDDDは，各国における法制化を通じて，適用対象となる企業に対して，主に以下を義務付けるものです（CSDDD1条1項）。

- デュー・デリジェンスを実施し，自社および子会社の活動ならびにバリューチェーンにおいて人権および環境に対して生じさせる負のインパクトを識別し，対処することを要求する（詳細は**Q86**を参照）。
- 気候変動の緩和に関する移行計画を作成・適用することを要求する。なお，当該移行計画は，企業がサステナブルな経済に向けて移行し，パリ協定と整合的に地球温暖化を1.5℃までに留めようとするビジネスモデルおよび戦略の互換性を最大限確保しようとするものでなければならない。

また，CSDDDでは，企業はデュー・デリジェンスの実施の一環において，デュー・デリジェンスの実施に関するステートメントをウェブサイトに公表することが義務付けられています（CSDDD16条1項）。ただし，この公表義務は，CSRDの19a条，29a条および40a条に基づく報告義務を負う企業には適用され

第4章　関連する法令・保証業務　　**251**

ないとされています（CSDDD16条2項）。

3　適用対象

　CSDDDは，EU域内企業とEU域外企業の双方に対して適用されますが，適用対象になるための要件が異なっています。具体的には，EU域内企業については売上高またはロイヤリティの金額に加えて平均従業員数も用いて適用対象となるかどうかが判断される（**図表85-1**の1，2の企業の場合，売上高および従業員数に係る規準の両方に該当する場合に適用対象となる）一方で，EU域外企業については売上高またはロイヤリティの金額のみで適用対象となるかどうかが判断されます。また，売上高の要件の適用についても，EU域内企業については全世界ベースの純売上高によって判断される一方で，EU域外企業についてはEU域内における純売上高によって判断される点で異なっています。

　適用対象は，**図表85-1**のように示すことができます（CSDDD2条1項および2項）。なお，2事業年度連続して要件に該当する場合に適用対象となり，2事業年度連続して要件に該当しなくなると適用対象ではなくなります（CSDDD2条5項）。

図表85-1　CSDDDの適用対象になるための要件

【EU域内企業】

企業区分に係る規準	従業員数に係る規準	売上高またはロイヤリティの金額に係る規準
1. EU加盟国の法令に基づき設立された企業に該当する	平均1,000人超（単体ベース）	当該企業の直前事業年度における全世界ベースの純売上高が450百万ユーロ超
2. EU加盟国の法令に基づき設立された企業のうち，単体ベースでは上記1の要件を満たさないが，グループベースでは要件を満たすグループの最終親会社に該当する	平均1,000人超（連結ベース）	当該企業グループの直前事業年度における全世界ベースの純売上高が450百万ユーロ超
3-1. EU加盟国の法令に基づき設立され，EU域内でロイヤリティを得るために独立第三者の企業との間でフランチャイズまたはライセンス契約を締結している企業に該当する	該当なし	当該企業の直前事業年度におけるロイヤリティ総額が22.5百万ユーロ超，かつ，直前事業年度における全世界ベースの純売上高が80百万ユーロ超

| 3-2. EU加盟国の法令に基づき設立され、EU域内で上記と同様の契約を締結している企業グループの最終親会社に該当する | 同上 | 当該企業グループの直前事業年度におけるロイヤリティ総額が22.5百万ユーロ超、かつ、直前事業年度における全世界ベースの純売上高が80百万ユーロ超 |

(出所：CSDDD 2条1項に基づきKPMG作成)

【EU域外企業】

企業区分に係る規準	従業員数に係る規準	売上高またはロイヤリティの金額に係る規準
1. EU域外国の法令に基づき設立された企業に該当する		当該企業の前々事業年度におけるEU域内での純売上高が450百万ユーロ超
2. EU域外国の法令に基づき設立された企業のうち、単体ベースでは上記1の要件を満たさないが、グループベースでは要件を満たすグループの最終親会社に該当する		当該企業グループの前々事業年度におけるEU域内での連結ベースの純売上高が450百万ユーロ超
3-1. EU域外国の法令に基づき設立されているが、EU域内でロイヤリティを得るために独立第三者の企業との間でフランチャイズまたはライセンス契約を締結している企業に該当する	該当なし	当該企業の前々事業年度におけるEU域内でのロイヤリティ総額が22.5百万ユーロ超、かつ、前々事業年度におけるEU域内での純売上高が80百万ユーロ超
3-2. EU域外国の法令に基づき設立されているが、EU域内で上記と同様の契約を締結している企業グループの最終親会社に該当する		当該企業グループの前々事業年度におけるEU域内でのロイヤリティ総額が22.5百万ユーロ超、かつ、前々事業年度におけるEU域内での純売上高が80百万ユーロ超

(出所：CSDDD 2条2項に基づきKPMGが作成)

　なお、欧州委員会による説明では、CSDDDの適用対象はEU域内企業で6,000社程度、EU域外企業で900社程度となることが見込まれています。

4　適用時期

　CSDDDは、2024年7月に発効しており、今後、EU加盟国において2026年7月までに国内法制化することとされています（CSDDD37条1項）。

第4章　関連する法令・保証業務　　253

　CSDDDは，2027年度以降，段階的に適用されることが予定されています。CSDDDの要求事項の実務における適用日は各EU加盟国における法制化によって異なりますが，CSDDDでは，企業区分別に**図表85－2**のように適用開始時期を定めています（CSDDD37条1項(a)～(e)）。

図表85－2　企業区分別の適用開始時期

【EU域内企業】

企業区分	適用要件（①，②の両方を満たす）		CSDDDの要求事項の適用開始時期
	①売上高またはロイヤリティの金額に係る規準	②従業員数に係る規準	
図表85－1の域内企業区分1または2に該当	全世界ベースの純売上高1,500百万ユーロ超	平均5,000人超	2028年1月1日以後開始する事業年度
同上	全世界ベースの純売上高900百万ユーロ超	平均3,000人超	2029年1月1日以後開始する事業年度
同上	全世界ベースの純売上高450百万ユーロ超	平均1,000人超	同上
図表85－1の域内企業区分3-1に該当	当該企業の直前事業年度におけるロイヤリティ総額が22.5百万ユーロ超，かつ直前事業年度における全世界ベースの純売上高が80百万ユーロ超	該当なし	同上
図表85－1の域内企業区分3-2に該当	当該企業グループの直前事業年度におけるロイヤリティ総額が22.5百万ユーロ超，かつ直前事業年度における全世界ベースの純売上高が80百万ユーロ超		同上

※　純売上高および従業員数は，適用開始時期の前事業年度の数値により判定。
（出所：CSDDD37条1項(a)，(b)，(e)に基づきKPMG作成）

254

【EU域外企業】

企業区分	適用要件		CSDDDの要求事項の適用開始時期
	①売上高またはロイヤリティの金額に係る規準	②従業員数に係る規準	
図表85－1の域外企業区分1または2に該当	EU域内での連結ベースでの純売上高1,500百万ユーロ超	該当なし	2028年1月1日以後開始する事業年度
同上	EU域内での連結ベースでの純売上高900百万ユーロ超		2029年1月1日以後開始する事業年度
同上	EU域内での連結ベースでの純売上高450百万ユーロ超		同上
図表85－1の域外企業区分3-1に該当	当該企業の前々事業年度におけるEU域内でのロイヤリティ総額が22.5百万ユーロ超，かつ前々事業年度におけるEU域内での純売上高が80百万ユーロ超		同上
図表85－1の域外企業区分3-2に該当	当該企業グループの前々事業年度におけるEU域内でのロイヤリティ総額が22.5百万ユーロ超，かつ前々事業年度におけるEU域内での純売上高が80百万ユーロ超		同上

※ 純売上高は，適用開始時期の前々事業年度の数値により判定。
(出所：CSDDD37条1項(c)～(e)に基づきKPMG作成)

第4章　関連する法令・保証業務　255

Q86　デュー・デリジェンスの実施に関する定め

CSDDDで義務付けられているデュー・デリジェンスの実施に関する主な内容について教えてください。

A. CSDDDでは，デュー・デリジェンスの実施について8つのアクションが示されています。当該8つのアクションでは，2018年にOECDが公表した「責任ある企業行動のためのガイダンス」で示されているデュー・デリジェンスの実施における6つのステップがカバーされています。

解 説

1　デュー・デリジェンスの実施に関する義務

CSDDDでは，人権および環境に関するデュー・デリジェンスについて，8つのアクションを実施することが要求されています（CSDDD5条）。

---

(1) デュー・デリジェンスを企業の方針およびリスク管理システムに統合する。
(2) 実際に生じた，または潜在的な負のインパクトを識別し評価するほか，それらについて優先順位付けを行う。
(3) 潜在的な負のインパクトを防止し軽減するほか，実際に生じた負のインパクトを終結させ，その程度を軽減する。
(4) 実際に生じた負のインパクトについて是正措置を実施する。
(5) ステークホルダーとの有意義なエンゲージメントを実施する。
(6) 通知のメカニズムおよび苦情申立ての手続を整備・維持する。
(7) デュー・デリジェンスの方針および措置の有効性についてモニタリングを実施する。
(8) 実施したデュー・デリジェンスについて公表する。

上記8つのアクションは，2018年にOECDが公表した「責任ある企業行動のためのガイダンス」で示されているデュー・デリジェンスの実施における6つのステップをカバーするものです（CSDDD前文⒇）。

2　罰　則

　CSDDDでは，EU加盟国の国内法において，違反に対する罰則を定めること
とされており，罰則は有効で，規模等に見合う比例的なもので，抑止力を伴う
ものでなければならないという原則が定められているだけです（CSDDD27条
1項）。

　ただし，罰金が科せられる場合，適用対象企業の全世界ベースの純売上高に
基づいて算定されるほか，罰金が科される前の会計年度における適用対象企業
の全世界ベースの純売上高の5％が上限になるとされています（CSDDD27条
4項）。

4－4 CSRDに基づく保証業務

 保証業務の対象

CSRDにおいて、どのような項目が第三者保証において意見表明の対象とされていますか？

A. CSRDでは、サステナビリティ報告に関して、以下の項目が第三者保証における意見表明の対象とされています。

- サステナビリティ報告がESRSに準拠して作成されているかどうか
- ESRSに準拠して報告された情報を識別するために企業が実施したプロセス
- サステナビリティ報告のマークアップ（タグ付け）に関する要求事項に準拠しているかどうか
- EUタクソノミー規則の8条で定められた報告要求に準拠しているかどうか

解説

1 CSRDにおける定め

CSRDでは、従来の会計指令の定めが改訂され、企業が作成したサステナビリティ報告が要求事項に準拠しているかどうかについて限定的保証業務に基づく第三者による意見表明が要求されています（会計指令34条1項、CSRDに関するFAQ No.70）。

CSRDを踏まえて改訂された会計指令では、意見表明の対象には、以下の点を含むとされています（会計指令34条1項）。

- サステナビリティ報告がESRSに準拠して作成されているかどうか
- ESRSに準拠して報告された情報を識別するために企業が実施したプロセス（ダブルマテリアリティ評価のプロセス）
- サステナビリティ報告のマークアップ（タグ付け）に関する要求事項に準拠しているかどうか
- EUタクソノミー規則の8条で定められた報告要求に準拠しているかどうか

2 限定的保証業務の位置付け

　保証業務には合理的保証業務と限定的保証業務があります。CSRDでは両者について定義されていませんが，合理的保証業務と限定的保証業務は，国際保証業務基準（ISAE）3000「過去の財務情報に対する監査またはレビュー以外の保証業務」における定義を踏まえると，以下のように対比できます。

- **合理的保証業務**：結論を表明する基礎として，業務実施者が保証業務リスクを個々の業務の状況において受入可能な低い水準に抑えた保証業務をいう。合理的保証業務の結論は，適合する規準によって主題を測定または評価した結果に対する業務実施者の意見を伝達する形式で表明される。
- **限定的保証業務**：結論を表明する基礎として，業務実施者が保証業務リスクを個々の業務の状況において受入可能な水準に抑えるが，保証業務リスクの水準が合理的保証業務に比べてより高く設定される保証業務をいう。限定的保証業務の結論は，実施した手続および入手した証拠に基づいて，主題情報に重要な虚偽表示があると業務実施者に信じさせる事項が認められたかどうかを記載する形式で表明される。

　通常，合理的保証業務には，企業の内部統制の検討や実証テストが含まれ，限定的保証業務よりも作業量が多く，結論は積極的な形式で表明されます。一方，限定的保証業務は，合理的保証業務よりも作業量が少なく，消極的な形式で結論が表明される点が特徴的です。

第4章 関連する法令・保証業務　259

 マネジメントレポートと財務諸表との整合性

　　　CSRDでは，サステナビリティ報告に対する保証業務の実施者と財務諸表の監査人が異なることがありうる旨が想定されているのでしょうか？　また，仮に両者が異なる場合，マネジメントレポートが財務諸表と整合的であるかに関する意見表明はいずれの者が実施すべきでしょうか？

A.　　CSRDを踏まえて改訂された会計指令では，サステナビリティ報告に対する保証業務の実施者と財務諸表の監査人が異なることがありうる旨が想定されています。

　　仮に両者が異なる場合，マネジメントレポートが財務諸表と整合的であるかどうかに関する意見表明は，財務諸表の監査人が実施することとされています。

解説

　EUでは，会計指令の定めによって，財務諸表について監査を受けることが要求されています。

　CSRDでは，従来の会計指令の定めに追加がされ，マネジメントレポートに含まれるサステナビリティ報告について保証業務を実施することが要求されることになりました。また，保証業務の実施主体に関して，サステナビリティ報告に対する保証業務実施者と財務諸表の監査人を別の主体とすることが認められています。具体的には，EU加盟国における各国の法令によって，財務諸表監査を実施する法定監査人または監査事務所のほか，法定監査を実施していない法定監査人または監査事務所，および／または独立の保証業務提供業者を保証業務の実施主体として認めることができるとされています（会計指令34条）。

　会計指令では，マネジメントレポートが財務諸表と整合的であるか，およびマネジメントレポートが適用される法令の要求事項に準拠して作成されているかについて意見表明することも要求されていますが，マネジメントレポートの一部であるサステナビリティ報告に対して保証業務が要求されることを踏まえ，

マネジメントレポートが財務諸表と整合的であるかについてどの主体が意見表明をするかが明確でないとのコメントがされました。この点，2024年8月に欧州委員会が公表したCSRDに関するFAQでは，マネジメントレポートが財務諸表と整合的であるかどうかに関する意見表明は財務諸表の監査人が実施することとされています（会計指令34条，CSRDに関するFAQ No.72）。

　また，上記に加え，財務諸表の監査人およびサステナビリティ報告に対する保証業務の実施者は，それぞれ適用される監査・保証基準に準拠して「その他の記載内容」に関する通読義務を実施することが要求される可能性があります。

Q89 保証業務を実施する監査人の適格性

サステナビリティ報告に対する保証業務を法定監査人が実施する場合，その適格性はどのように確保されるのでしょうか？

A. CSRDでは，サステナビリティ報告に対する保証業務を法定監査人が実施する場合，理論的な知識およびこれらの知識を実務に適用する能力を有することを確保するための試験に合格するほか，実務的な研修を受講していることが求められています。

解 説

Q88で解説したように，CSRDを踏まえて修正された会計指令では，サステナビリティ報告に対する保証業務の実施主体について，法定監査人，監査事務所または独立の保証業務提供業者のいずれかまたはすべてとすることを各EU加盟国が定めることとされています（会計指令34条）。

これを踏まえ，法定監査指令において，サステナビリティ報告に対する保証業務を法定監査人が実施するために必要な要件が定められています。要件の概要は，主に以下のとおりです（法定監査指令6，7，8，10条）。

- サステナビリティ報告の保証業務に関連する主題について理論的な知識を有しており，実務に当該知識を適用する能力があることを確保する試験（最低一部は筆記）に通過すること
- 当該試験の科目に，①サステナビリティ報告の作成に関する法令や基準の定め，②サステナビリティ分析，③サステナビリティ課題に係るデュー・デリジェンスの実務，④サステナビリティ報告に対する保証業務に関する法令や基準の定めに関する事項が含まれていること
- サステナビリティ報告の保証業務またはその他のサステナビリティ関連サービスについて，最低限8ヵ月の実務的な研修を受講していること

Q90 保証業務の実施にあたり準拠すべき基準および保証報告書

CSRDの定めを踏まえてサステナビリティ報告に対する保証業務を実施する場合，どのような保証業務基準に準拠すべきでしょうか？また，保証報告書には，どのような事項が記載されるのでしょうか？

A. EUでは，当面，EU加盟国が各国で基準を定めることができるとされています。ただし，今後，欧州委員会がサステナビリティ報告に関する保証業務基準を採択する方向で検討が進められる予定です。

また，保証報告書には，主として保証の対象，範囲および保証に係る意見（結論）が記載されます。

解説

1 準拠すべき保証業務基準

CSRDの定めを踏まえてサステナビリティ報告に対する保証業務を実施する場合，保証業務実施者は欧州委員会が採択する保証業務基準に従うことが要求されています（法定監査指令26a条1項）。ただし，欧州委員会が保証業務基準を採択するまでの経過措置として，EU加盟国が各国で基準を定めることができるとされています（法定監査指令26a条2項）。

法定監査指令では2026年10月1日までに，欧州委員会が限定的保証業務の実施に関する基準を定めるための委任法令を採択するとされています。また，合理的保証業務の実施が実現可能と評価された場合，欧州委員会が2028年10月1日までに合理的保証業務の実施に関する基準を定めるための委任法令を採択することとされています（法定監査指令26a条3項）。ただし，現時点で，将来において合理的保証業務が要求されるかどうかは明らかではありません。

なお，保証業務基準が欧州委員会によって採択されるまでの期間においてEU加盟国間で保証業務のあり方を可能な範囲で整合的にするため，欧州監査監督機関委員会（Committee of European Auditing Oversight Bodies。以下「CEAOB」という。）は2024年9月にサステナビリティ報告に対する保証業務

第4章　関連する法令・保証業務

に関する拘束力のないガイドラインを公表しています。

2　保証報告書において記載すべき事項

　CSRDでは，サステナビリティ報告に対する保証報告書における記載
ついて詳細な定めはありませんが，以下の内容を含むことが要求されて
（法定監査指令28a条2項）。

- 保証業務の対象としたサステナビリティ報告を作成した企業
- サステナビリティ報告の基準日および報告期間
- サステナビリティ報告の作成に適用された報告の枠組み（報告基準）
- 保証業務の範囲（適用した保証業務基準を含む。）
- 表明することが要求されている意見（結論）（Q87参照）

　上記のうち，限定的保証業務において表明すべき意見（結論）につい
欧州委員会によるCSRDに関するFAQやCEAOBによるガイドラインに
以下の文言を記載することが期待される旨が示されています。

　No matter has come to their attention to cause them to believe tha
information included in the sustainability statement is not fairly present
all material respects, in accordance with ESRS and that it is not compliant
the legal requirements of Article 8 of the Taxonomy Regulation.

【編】あずさ監査法人　会計・開示プラクティス部

【編著】

関口　智和　　常務執行理事　会計・開示プラクティス部長　パートナー
　　　　　　　公認会計士

【著者】

石黒　之彦　　パートナー　公認会計士

北家　哲　　　パートナー　公認会計士

前田　啓　　　パートナー　公認会計士

山本　雄一　　パートナー　公認会計士

椎橋　利守　　テクニカル・ディレクター　公認会計士

辻林　亮一郎　シニアマネジャー　公認会計士

久松　洋介　　シニアマネジャー　公認会計士

山田　桂子　　シニアマネジャー　公認会計士

高橋　充　　　マネジャー　公認会計士

西埜　慎一　　マネジャー　公認会計士

波多野　純　　マネジャー　公認会計士

米谷　将大　　マネジャー　公認会計士

【レビューアー】

加藤　俊治　　テクニカル・ディレクター　公認会計士

武川　俊之　　テクニカル・ディレクター　公認会計士

《編者紹介》

有限責任 あずさ監査法人

有限責任 あずさ監査法人は，全国主要都市に約7,000名の人員を擁し，監査証明業務をはじめ，財務会計アドバイザリー，内部統制アドバイザリー，ESGアドバイザリー，規制対応アドバイザリー，IT関連アドバイザリー，デジタル・データ関連アドバイザリー，スタートアップ関連アドバイザリーなどの非監査証明業務を提供しています。

金融，テレコム・メディア，テクノロジー，パブリック，消費財・小売，ライフサイエンス，自動車等，産業・業種（セクター）ごとに組織された監査事業部による業界特有のニーズに対応した専門性の高いサービスを提供する体制を有するとともに，KPMGインターナショナルのメンバーファームとして，142の国と地域に拡がるネットワークを通じ，グローバルな視点からクライアントを支援しています。

Q&Aでわかる CSRD/ESRSの実務ガイドブック

2025年3月15日　第1版第1刷発行

編　者	あ ず さ 監 査 法 人
発行者	山　本　　　継
発行所	㈱中 央 経 済 社
発売元	㈱中 央 経 済 グ ル ー プ パ ブ リ ッ シ ン グ

〒101-0051　東京都千代田区神田神保町1-35
電話　03 (3293) 3371 (編集代表)
　　　03 (3293) 3381 (営業代表)
https://www.chuokeizai.co.jp
印刷／三英グラフィック・アーツ㈱
製本／㈲井 上 製 本 所

© 2025
Printed in Japan

＊頁の「欠落」や「順序違い」などがありましたらお取り替えいたしますので発売元までご送付ください。（送料小社負担）
ISBN978-4-502-52701-2　C3034

JCOPY〈出版者著作権管理機構委託出版物〉本書を無断で複写複製（コピー）することは，著作権法上の例外を除き，禁じられています。本書をコピーされる場合は事前に出版者著作権管理機構（JCOPY）の許諾を受けてください。
　JCOPY〈https://www.jcopy.or.jp　eメール：info@jcopy.or.jp〉